華陽の誓い

池田大作先生のスピーチ・指針集

聖教新聞社

池田大作先生・香峯子夫人

「青春桜《せいしゅんざくら》」の歌碑《かひ》の碑文《ひぶん》

わが創価《そうか》山師弟城《ざんしていじょう》には乙女《おとめ》の
生命《いのち》に咲《さ》き誇《ほこ》る桜《さくら》の宝樹《ほうじゅ》あり

ああ昭和五十三年の三月十六日
奇《く》しくも広宣後継《こうせんこうけい》の誓願《せいがん》の日
正義の魂光《たましいひか》る立川《たちかわ》の法城《ほうじょう》にて
一詩《いっし》「青春桜」は誕生《たんじょう》せり
時《とき》あたかも如説《にょせつ》の創価学会に
三類《さんるい》の強敵競《ごうてききそ》う嵐《あらし》の渦中《かちゅう》なるか

御本仏《ごほんぶつ》・日蓮大聖人の宣《のたま》わく
「さくらは　をもしろき物・木の
中より　さきいづ」「さいわいは
心より　いでて我《われ》をかざる」

けなげな桜花《おうか》の心の天女《てんにょ》らは
師と共に勇気の歌声響《ひび》かせて
試練《しれん》の冬も朗《ほが》らかに勝ちたり

時は満《み》ち本門《ほんもん》の華陽《かよう》の連帯《れんたい》は
全世界に「師弟桜」「友情桜」
「幸福桜」「平和桜」を広げゆく
広布勝利の花の道を語《かた》り歩《あゆ》む
わが愛娘《まなむすめ》の永遠《えいえん》なる常楽我浄《じょうらくがじょう》の
前進を祈《いの》りつつ希望の殿堂《でんどう》に
「青春桜」の歌碑を建立《こんりゅう》す

二〇〇九年五月三日

池田大作
香峯子

池田大作先生夫妻

創価女子会館を初訪問

2009年６月４日　東京・信濃町

池田華陽会歌「華陽の誓い」を合唱

見つめなむ
妙法蓮華の
蓮《はす》の花
大切な大切な我が娘
女子部に贈る
二〇〇九年六月四日

初訪問の折、女子部に贈られた写真と和歌

「さくら」と〝大楠公〟を演奏をする池田大作先生

池田華陽会 永遠の五指針

一、朗《ほが》らかな幸福の太陽たれ

一、世界一の生命哲学を学《まな》ぶ

一、何があっても負《ま》けない青春《せいしゅん》

一、正義と友情《ゆうじょう》の華《はな》の対話《たいわ》を

一、永遠《えいえん》に師弟《してい》勝利の門《もん》を開く

「世界池田華陽会」結成式（2008年9月5日、創価女子会館）

※『女子部永遠の五指針』は、2021年11月18日女性部の新出発を期して『池田華陽会 永遠の五指針』に名称が変更された。

まえがき

「歓《よろこ》びはひとつの神秘《しんぴ》である」（1）

フランスの女性思想家《しそうか》シモーヌ・ヴェイユはこう語《かた》った。

この「歓び」の源泉《げんせん》は、どこにあるか。

「外部《がいぶ》から個人や集団《しゅうだん》に歓びをもたらすことはできない。歓びは内部《ないぶ》からわきおこるべきものだ」（1）

これが、ヴェイユの探究《たんきゅう》の結論《けつろん》であった。

いま、わが創価の乙女《おとめ》たちが、この歓びの陽光《ようこう》を、真《ま》っ赤《か》に燃《も》え出《い》ずる旭日《きょくじつ》のように、尊《とうと》き青春《せいしゅん》の生命から放《はな》っている。そして幸福と平和の華《はな》を、来る日も来る日も、生き生きと咲《さ》き広げているのだ。

ヴェイユをはじめ世界史を彩《いろど》る女性たちも、この華陽《かよう》の希望の行進《こうしん》を見たならば、どれほど歓喜《かんき》し、大喝采《だいかっさい》を送《おく》ることであろうか。

このほど、創価学会の創立《そうりつ》八十周年《しゅうねん》の開幕《かいまく》を飾《かざ》り、『華陽の誓《ちか》い』が完成した。

「女子部一期生」である妻《つま》と、私は心からお祝《いわ》いを申《もう》し上《あ》げたい。

世界に広がりゆく創価の歓喜の連帯《れんたい》は、いつ、いかなる時も、女子部の明るく朗《ほが》らかな笑顔《えがお》とともに躍動《やくどう》する。

華陽の青春の舞《まい》は、あの広大《こうだい》な国にも、あの新生《しんせい》の国にも、さらにまた、あの多民族共生《たみんぞくきょうせい》の国々にも伝播《でんぱ》して、多くの人々の希望の光源《こうげん》となっている。実《じつ》に、心も躍《おど》り、嬉《うれ》しい限《かぎ》りである。

長く戦乱《せんらん》が続《つづ》いたカンボジアでも、昨年（二〇〇八年）の十一月に、「池田華陽会《かようかい》」が結成《けっせい》された。カンボジアは、私が第三代会長に就任《しゅうにん》した翌年に、初訪問《はつほうもん》した忘《わす》れ得《え》ぬ国である。明年は、法人《ほうじん》の出発《しゅっぱつ》から十周年《しゅうねん》を迎《むか》える。

愛する縁《えにし》の天地で、平和の若《わか》き人華《にんげ》を薫《かお》らせゆく推進力《すいしんりょく》となってくれたのは、一人《ひとり》の乙女《おとめ》であった。

この聡明《そうめい》な乙女が、アメリカで創価学会インタナショナル（ＳＧＩ）のメンバーとなったのは、二〇〇一年の九月一日。あの衝撃的《しょうげきてき》な同時多発《どうじたはつ》テロが起《お》こったのは、その十日後のことであった。

世界に不信《ふしん》と憎悪《ぞうお》が渦巻《うずま》く中、彼女は文明間対話《ぶんめいかんたいわ》の重要性《じゅうようせい》を痛感《つうかん》した。

そして一念発起《いちねんほっき》して、アメリカ創価大学に進学《しんがく》したのである。

世界から集《つど》い合《あ》った良き学友《がくゆう》たちと、向学《こうがく》と成長の日々を重《かさ》ねて、人間主義《しゅぎ》の平和哲学《てつがく》を心に刻《きざ》んでいった。卒業後、母国《ぼこく》カンボジアに戻《もど》り、若き女性の華陽《かよう》のスクラムを広げながら、颯爽《さっそう》と社会に貢献《こうけん》を続《つづ》けているのだ。

現在、私は、エマソン協会《きょうかい》の前会長で、アメリカを代表する女性詩人《しじん》のサーラ・ワイダー博士と対談《たいだん》を重《かさ》ねている。博士は言われた。

「『地涌《じゆ》』という言葉《ことば》は『大地に根《ね》を張《は》れ』と教《おし》えてくれます。現実に目をそむけるのではなく、自分のいるところで良きことをなすことの大切《たいせつ》さを教えているのです」

一人《ひとり》の女性が、使命《しめい》の大地で勇気に燃《も》えて立ち上がる時、地域《ちいき》も社会も変わり始める。時代は確実《かくじつ》に動くのだ。これは、幾多《いくた》の歴史が証明《しょうめい》している通《とお》りである。

北欧《ほくおう》ノルウェーの劇作家《げきさっか》イプセンは、詩劇《しげき》に綴《つづ》っている。

「一人《ひとり》は多くの人に光明《こうみょう》を与《あた》え得《う》るのだ」(2)

「一人の意志《いし》の力《ちから》は多くをなし得るのだ」(2)

このイプセンは、草創《そうそう》の女子部の人材《じんざい》グループ「華陽会《かようかい》」の学習教材《がくしゅうきょうざい》として、わが師《し》・戸田城聖《じょうせい》先生が、その作品《さくひん》を取り上げた文豪《ぶんごう》である。

もともと「華陽」とは、戸田先生が女子部に贈《おく》られた命名《めいめい》であった。「華《はな》のように美《うつく》しく、太陽のように誇《ほこ》り高くあれ!」との恩師《おんし》の祈《いの》りが凝《ぎょう》結《けつ》している。

さらに、この「華陽」という言葉《ことば》は、実《じつ》は、先生がお好きであられた中国の大英雄《だいえいゆう》・諸葛孔明《しょかつこうめい》ともゆかりがある。

すなわち「華陽《かよう》」とは地域《ちいき》の名前であり、中国の西南地方《せいなんちほう》を指《さ》した。とくに、諸葛孔明《しょかつこうめい》との縁《えにし》が深い「蜀《しょく》」の国の呼称《こしょう》であった。（3）その名も『華陽国志《こくし》』という古《こ》典《てん》には、多くの女性の勇気ある活躍《かつやく》が語《かた》り継《つ》がれ、「天下《てんか》に並《なら》び無《な》き女性」と謳《うた》われているのだ。（4）健気《けなげ》な「華陽」の愛娘《まなむすめ》たちは、皆、歓《よろこ》び勇《いさ》んで、広宣流布の歴史に、その名を連《つら》ねゆく誉《ほま》れのヒロインである。この宝《たから》の使命《しめい》の天女《てんにょ》たちが、一人《ひとり》ももれなく永遠《えいえん》の大福徳《だいふくとく》に包《つつ》まれていただきたい。これこそ、戸田先生と師弟不二《していふに》なる私と妻《つま》の祈《いの》りである。

私の座右《ざゆう》には、女子部の教学室の友が真剣《しんけん》に取《と》り組《く》んでくれた、尊《とうと》い教学研鑽《けんさん》の結晶《けっしょう》である『現代語訳　御書とともに』が常《つね》にある。

そこに収録《しゅうろく》されている「日女御前御返事《にちにょごぜんごへんじ》」の一節《いっせつ》を拝《はい》したい。

「此《こ》の御本尊全《まった》く余所《よそ》に求《もと》むる事なかれ・只我《ただわ》れ等《ら》衆生《しゅじょう》の法華経《ほけきょう》を持《たも》ちて南無妙法蓮華経と唱《とな》うる胸中《きょうちゅう》の肉団《にくだん》におはしますなり、是《これ》を九識心王真如《くしきしんのうしんにょ》の都《みやこ》とは申《もう》すなり」（全一二四四ページ・新二〇八八ページ）

勇気も、智慧《ちえ》も、慈悲《じひ》も、希望も、確信《かくしん》も、忍耐《にんたい》も、幸福へと前進しゅく、すべての力《ちから》の源泉《げんせん》は、わが胸中にある。

まさしく、創価の乙女《おとめ》の生命それ自体《じたい》が、尊極《そんごく》の「仏《ほとけ》の当体《とうたい》」なのである。

日蓮大聖人は、「御義口伝《おんぎくでん》」に明快《めいかい》に仰《おお》せになられた。

「我心本来《わがこころほんらい》の仏なりと知るを即《すなわ》ち大歓喜《だいかんぎ》と名《なづ》く所謂《いわゆる》南無妙法蓮華経は歓喜の中の大歓喜なり」（全七八八ページ・新一〇九七ページ）

白蓮華《びゃくれんげ》のように気高《けだか》き誓願《せいがん》を胸《むね》に、正義の前進を！　昇《のぼ》りゆく太陽とともに、悔《く》いなき青春《せいしゅん》勝利の日々を！

人類《じんるい》が願《ねが》い求《もと》めてきた「歓喜《かんき》の中の大歓喜」の道を、大切《たいせつ》な大切な創価の愛娘《まなむすめ》である女子部の皆様方が、胸を張《は》って歩《あゆ》みゆかれることを祈《いの》りに祈りつつ、この「まえがき」を贈《おく》りたい。

二〇〇九年十月二日

池田大作

(1)『ヴェイユの言葉』冨原眞弓編訳、みすず書房
(2)『ブランド』角田俊訳、岩波文庫(新字体、現代仮名づかいに改めた)
(3)中林史朗著『華陽国志』明徳出版社
(4)下見隆雄著『「華陽国志」列女伝記』明徳出版社

目　次

一、本書は、「聖教新聞」、「大白蓮華」に掲載された池田大作先生のスピーチ等のなかから、「池田華陽会」に贈られたスピーチ・随筆等を収録しました。

一、御書の引用は、『日蓮大聖人御書全集』（創価学会版、第二七八刷）に基づき、ページ数は（全〇〇㌻）と示した。『日蓮大聖人御書全集　新版』（創価学会版、第三刷）のページ数は（新〇〇㌻）と示した。

一、各編冒頭に表記した年月日については、各種会合は会合開催日、随筆は掲載日、巻頭言は掲載号を記しました。

一、引用および参照した箇所には、番号を付し、編末にその書籍名等を示しました。

一、編集部による注解については（　）と記しました。

一、肩書、名称、時節等については、掲載時のままにしました。

第一章　スピーチ

創価女子会館　開館三周年記念協議会でのスピーチ①

題目こそ絶対勝利の力《ちから》

――「女子部　永遠《えいえん》の五指針《ししん》」を贈《おく》る

二〇〇九年六月四日

念願《ねんがん》だった「創価女子会館」を、ついに訪問《ほうもん》することができた。こんなに、うれしいことはない。とくに「名誉館長《めいよかんちょう》」でもある妻《つま》は、いつもいつも、この福智《ふくち》の宮殿《きゅうでん》を守ってくださっている役員の方々《かたがた》、さらに全国、全世界から集《つど》ってこられる女子部の方々に題目を送《おく》ってきた。

そして、皆さん方からの重《かさ》ねての真心《まごころ》のご招待《しょうたい》に、早くお応《こた》えしたいと語《かた》っていた。

本当にありがとう。また、おめでとう。管理者《かんりしゃ》の方も、いつも大変にお世話《せわ》になります。

きょうは急遽《きゅうきょ》の会合《かいごう》のため、代表の方のみの参加となったが、全女子部の皆さんの健康とご多幸《たこう》を、私と妻《つま》は真剣《しんけん》にご祈念《きねん》した。また朝《あさ》な夕《ゆう》な、一生懸命《いっしょうけんめい》に祈《いの》っている。

お会いできなかった友にも、どうか、くれぐれもよろしくお伝《つた》えください。

すべてを成長のバネに

私たちの信心の根本《こんぽん》は題目である。広宣流布へ、師弟《してい》が心を合わせて祈る。同志《どうし》が異体同心《いたいどうしん》で祈る。

そこから新しい前進が始まる。戦いの勢《いきお》いも生まれる。功徳《くどく》も大きく広がる。

朗々《ろうろう》と、伸《の》び伸びと、前へ前へ、水が流《なが》れていくような題目こそ、「勝利のリズム」である。白馬《はくば》が大草原《だいそうげん》を走《はし》っていくような、清々《すがすが》しい音律《おんりつ》が大事《だいじ》である。

題目こそ、絶対《ぜったい》勝利の力《ちから》なのである。師弟不二《ふに》の祈りと、異体同心の団結《だんけつ》で、どこまでも、晴《は》れやかに、生き生きと、女子部革命《かくめい》を成《な》し遂《と》げていっていただきたい。

御本尊に題目を唱《とな》え、真剣に広宣流布に進む皆さんが幸《しあわ》せにならないはずがない。今世《こんぜ》はいうまでもなく、三世《さんぜ》永遠《えいえん》に幸福になる。

現実は、経済苦《けいざいく》や病気《びょうき》、家庭内《かていない》のけんかなど、悩《なや》みは尽《つ》きないものである。

しかし、表面上《ひょうめんじょう》は不幸《ふこう》の格好《かっこう》に見えたとしても、南無妙法蓮華経と唱えていくならば、全部、変毒為薬《へんどくいやく》できる。すべてを乗《の》り切《き》っていける。成長のバネとしていける。

根本的《こんぽんてき》には、もう、すでに勝《か》っているといってよい。

それは「劇《げき》」のようなものである。悩《なや》んでいる姿《すがた》を演《えん》じているけれども、このドラマの結《むす》びは、絶対《ぜったい》に幸福であり、勝利である。

不幸《ふこう》で終わるわけがない。生々世々《しょうじょうせぜ》、必《かなら》ず幸福になれる。永遠《えいえん》に勝ち抜《ぬ》いていける。

ゆえに、何《なん》の心配《しんぱい》もいらないのだ。

苦難《くなん》と戦う女性門下《もんか》へ

日蓮大聖人は、苦難と戦う婦人を励《はげ》まされ、こう語《かた》っておられる。

「私たちは必ず仏《ほとけ》になると思えば、何の嘆《なげ》きがあろうか。妃《きさき》になっても、何になろう。また天上界《てんじょうかい》に生まれても、取るに足《た》りない」（全九七六㌻・新一三二七㌻、通解）

この女性は、老《お》いた義母《ぎぼ》を真心《まごころ》から看病《かんびょう》した。自身も病《やまい》で苦《くる》しんでいた。

大聖人は、〝法華経《ほけきょう》の信心を深《ふか》めているあなたですから、必ず幸《しあわ》せになります。何《なに》も嘆く必要《ひつよう》はないですよ〟と温《あたた》かく激励《げきれい》しておられる。

そして、どんな素晴《すば》らしい境遇《きょうぐう》に生まれてきても、この仏法《ぶっぽう》に巡《めぐ》りあった喜《よろこ》びに比《くら》べれば、取るに足《た》りないことを教《おし》えていかれたのである。さらに大聖人《だいしょうにん》は、「私たちは（女人成仏《にょにんじょうぶつ》の道を開いた）竜女《りゅうにょ》のあとを継《つ》ぎ、（法華経《ほけきょう》の会座《えざ》で成仏の記別《きべつ》を受けた）摩訶波舎波提比丘尼《まかはじゃはだいびくに》の列《れつ》に連《つら》なることができるのである。なんとうれしいことであろうか。なんとうれしいことであろうか。ただ南無妙法蓮華経、南無妙法蓮華経と唱《とな》えていきなさい」（全九七六ジペー・新一三二七ジペー、通解）と仰《おお》せなのである。

悩《なや》みがあるから成長できる！

一切経《いっさいきょう》を学《まな》び究《きわ》められた大聖人は、仏教《ぶっきょう》以外の諸宗教《しょしゅうきょう》や、法華経以前の爾前経《にぜんきょう》などには未《いま》だ明《あ》かされていない甚深《じんじん》の教えを、明快《めいかい》に示《しめ》された。

南無妙法蓮華経こそ、永遠《えいえん》の平和と幸福の大法《だいほう》であることを宣言《せんげん》され、後世《こうせい》に残《のこ》されたのである。

この妙法を信受《しんじゅ》する私どもは、人類《じんるい》六十八億人のなかで、一番の幸福者である。

たとえ恵《めぐ》まれた境遇《きょうぐう》にあったとしても、本当に幸《しあわ》せかどうかは分からない。心が空《むな》しければ、幸福とはいえない。

最高の仏法《ぶっぽう》に生《い》き抜《ぬ》くなかに、最高の幸福がある。何《なん》の悩みもないことが幸福なのではないのである。

大聖人御自身《だいしょうにんごじしん》、御本仏《ごほんぶつ》の身《み》であられながら、あえて、悪口罵詈《あっくめり》・猶多怨嫉《ゆたおんしつ》の大難《だいなん》を受け、三類《さんるい》の強敵《ごうてき》と戦われる御姿《おすがた》を示《しめ》された。

戦いの中にこそ、喜《よろこ》びがあるのだ。悩《なや》みがあるから、成長できるのだ。強敵がいるから、強くなれるのだ。

御聖訓《ごせいくん》に「人をよくなす《成》ものはかたうど《方人》よりも強敵が人をば・よくなしけるなり」（全九一七ページ・新一二三六ページ）と仰《おお》せの通《とお》りである。

私たちは、自分のことで悩むとともに、人のために悩む。広布のために悩む。

悩みがあるから題目があげられる。悩みをバネとして、一番、幸福になる行動《こうどう》をしていく。その生命力《せいめいりょく》を湧《わ》き出《いだ》していくことができる――それが信心である。

妙法とは絶対《ぜったい》の常楽我浄《じょうらくがじょう》の大道《だいどう》なのである。

「青春桜《せいしゅんざくら》」と共に

きょうはまず、創価女子会館の初訪問《はつほうもん》に寄《よ》せて、女子部の皆様に、三首《しゅ》の和歌《わか》を贈《おく》りたい。

広宣《こうせん》の
使命《しめい》も深き
女子部かな
幸福女王《じよおう》
心は光《ひか》れり

美《うつく》しき
瞳《ひとみ》の彼方《かなた》は
諸天《しよてん》まで
見つめ讃《たた》えむ
勝利の女王と

わが女子部
おお賑《にぎ》やかに
平和道《みち》
世界一なる
華陽会《かようかい》かな

婦人部のリーダーの皆さんも、忙《いそが》しいところ、ありがとうございます。皆、女子部時代から、まっしぐらに広宣流布に走《はし》り抜《ぬ》いてきた方々《かたがた》である。

きょうは、皆さん方と一緒《いっしょ》に何度も歌ってきた懐《なつ》かしい「青春桜《せいしゅんざくら》」の歌碑《かひ》も目《ま》の当《あ》たりにして、感慨深《かんがいぶか》い。

世界一の婦人部は、本年（二〇〇九年）三月に発表《はっぴょう》された「婦人部　実践《じっせん》の五指針《ししん》」を掲《かか》げて前進されている。

すなわち——

「絶対《ぜったい》勝利の婦人部」

一、祈《いの》りからすべては始まる

一、わが家《や》は和楽《わらく》の前進

一、後継《こうけい》の人材《じんざい》を伸《の》ばす

一、地域《ちいき》と社会を大切《たいせつ》に

一、生き生きと体験《たいけん》を語《かた》る

ここで、新《あら》たに、「女子部 永遠《えいえん》の五指針《ししん》」をお贈《おく》りしたい。

一、朗《ほが》らかな幸福の太陽たれ
一、世界一の生命哲学《てつがく》を学《まな》ぶ
一、何があっても負《ま》けない青春《せいしゅん》
一、正義と友情《ゆうじょう》の華《はな》の対話《たいわ》を
一、永遠に師弟《してい》勝利の門《もん》を開く

この「永遠の五指針」を胸《むね》に、妙法の誉《ほま》れの青春を、最高に誇《ほこ》り高く、希望に燃《も》えて生《い》き抜《ぬ》いていただきたい。

「華陽《かよう》」とは太陽と蓮華《れんげ》の象徴《しょうちょう》

まず第一の指針は「朗らかな幸福の太陽たれ」である。

日蓮大聖人は、女性の弟子《でし》の日眼女《にちげんにょ》（四条金吾夫人《しじょうきんごふじん》）に仰《おお》せになられた。

「明るいことでは、日月《にちがつ》に過《す》ぎるものがありましょうか。浄《きよ》らかなことでは、蓮華に勝《まさ》るものがありましょうか。法華経《ほけきょう》は、日月と蓮華のように最極《さいごく》の法です。ゆえに、

妙法蓮華経と名《な》づけるのです。日蓮もまた、日《にち》月《がつ》と蓮華《れんげ》のようなものであります」（全一一〇九ページ・新一五一〇ページ、通解）

大聖人《だいしょうにん》の御名前《おなまえ》は「太陽」と「蓮華」を表《あらわ》されている。闇《やみ》を照《て》らしゆく太陽は、最《もっと》も明るい。泥《どろ》にも染《そ》まらない蓮華は、最も浄《きよ》らかである。

この太陽と蓮華に象徴《しょうちょう》される力用《りきゆう》――すなわち、生命の無明《むみょう》を照らして法性《ほっしょう》を開きゆく力《ちから》、煩悩《ぼんのう》を菩提《ぼだい》へと浄化《じょうか》しゆく力を完璧《かんぺき》に具足《ぐそく》した「法」の当体《とうたい》が、妙法蓮華経であり、「人」の当体が、日蓮大聖人であられる。

若くして、大仏法《だいぶっぽう》を受持《じゅじ》した女子部の皆さんの生命もまた、最も明るい「太陽」のごとく光《ひか》り輝《かがや》き、最も浄らかな「蓮華」のごとく咲《さ》き薫《かお》っていくのだ。そのための青春《せいしゅん》の信仰《しんこう》である。

「華陽会《かようかい》」という名前それ自体《じたい》に、仏法上《ぶっぽうじょう》の甚深《じんじん》の意義《いぎ》が込《こ》められている。

そして、「女子部は一人《ひとり》も残《のこ》らず幸福に」と祈《いの》り抜《ぬ》いてきた、戸田先生と私たち夫婦《ふうふ》の願《ねが》いが凝結《ぎょうけつ》していることを、知っていただきたいのである。

さらに御本仏《ごほんぶつ》は、偉大《いだい》なる妙法の力用《りきゆう》を、女性の弟子《でし》に、こう教《おし》えておられる。

「百千万年の間《あいだ》、闇《やみ》に閉《と》ざされていた所《ところ》でも、灯《ひ》を入《い》れれば明るくなる」（全一四〇三ジペー・新二一〇〇ジペー、通解）

深い闇も、灯《とも》を点せば明るくなる。いかなる暗黒《あんこく》も、ひとたび太陽が昇《のぼ》れば、たちまちに打《う》ち破《やぶ》られる。

こうも仰《おお》せである。

「太陽が東の空に昇ったならば、すべての星の光《ひかり》は跡形《あとかた》もなく消《き》え去《さ》る」（全一三九三ジペー・新二〇〇三ジペー、通解）

どんなに華《はな》やかに見える星の輝《かがや》きも、太陽の明るさには、かなわない。

わが女子部の皆さんは、自分自身が、一人ももれなく、「幸福の太陽」である。

ゆえに、自《みずか》らの境遇《きょうぐう》を嘆《なげ》く必要《ひつよう》もなければ、人をうらやむ必要もないのだ。

題目を朗々《ろうろう》と唱《とな》えながら、明るく朗《ほが》らかに、自分らしい生命の光を、勇気凜々《りんりん》と、そして、自信満々《じしんまんまん》に放《はな》っていけばよい。

希望を創《つく》り出《だ》せ

「女性にとって本当の飾《かざ》りとは、その人格《じんかく》であり純粋《じゅんすい》さである」（1）

「より多くの経験《けいけん》を積《つ》むほど、人間の幸《こう》・不幸《ふこう》は、すべて自分自身がつくり上げるものだと気づく」（2）

――これは、インドの非暴力《ひぼうりょく》の闘士《とうし》・ガンジーの言葉《ことば》である。

希望も、喜《よろこ》びも、人から与《あた》えられるのを、待《ま》つものではない。自分でつくり出し、皆に広げていくものだ。そう決めた青春《せいしゅん》は強い。苦労《くろう》している父母にも、自分から親《おや》孝行《こうこう》するのだ。悩《なや》んでいる友人にも、自分から励《はげ》ましてあげるのだ。

「観心本尊抄《かんじんのほんぞんしょう》」には「天晴《てんは》れぬれば地明《ちあきら》かなり法華《ほっけ》を識《し》る者は世法《せほう》を得可《うべ》きか」（全二五四ジペー・新一四六ジペー）と仰《おお》せである。

信心深き皆さん方は、「以信代慧《いしんだいえ》」（信《しん》を以《も》って慧《え》に代《か》う）の法理《ほうり》に則《のっと》って、偉大《いだい》な仏《ほとけ》の境涯《きょうがい》を開いていける。この現実社会の中で、生き生きと価値創造《かちそうぞう》の智慧《ちえ》を発揮《はっき》していくことができる。

そして家庭《かてい》でも、職場《しょくば》でも、地域《ちいき》でも、今いる場所《ばしょ》で、周囲《しゅうい》を爽《さわ》やかに照《て》らしながら、信頼《しんらい》と勝利の実証《じっしょう》を、一つ一つ示《しめ》していけるのである。人によって、悩《なや》みも境遇《きょうぐう》も、さまざまである。しかし、必《かなら》ず打開《だかい》できる。

戸田先生のご指導は一貫《いっかん》しておられた。

「学会活動こそが幸福への近道《ちかみち》であり、直道《じきどう》だよ」と。

先生は、信心を根本《こんぽん》とした「幸福」について、縦横無尽《じゅうおうむじん》に論《ろん》じ、残《のこ》してくださっている。

「信心とは、最《もっと》も強く自分で確信《かくしん》することです。自分自身が妙法の当体《とうたい》なのだから、諸天善神《しょてんぜんじん》が守らないわけがないと確信して、題目をあげた時に、必ずそうなるんだよ」

「一人《ひとり》ひとりの生命のなかには、御本尊がおられる」「私たちの生命の中に、厳然《げんぜん》と仏《ほとけ》さまが顕《あらわ》れれば、もう私たちには不幸《ふこう》などない。大聖人即御本尊《だいしょうにんそく》の力《ちから》が、私たちの体に満《み》ち満ちてくるのです」

「この信心をして幸福にならないわけがない。心は女王《じょおう》でいきなさい。創価学会の名誉《めいよ》ある一員として、誇《ほこ》りも高く生《い》き抜《ぬ》きなさい」

先生は、創価の女性に対《たい》して、「信心」に生き抜くことを徹底《てってい》して教《おし》えられた。

「御本尊を信《しん》じなさい。創価学会を信じなさい。御本尊の向かって左側《ひだりがわ》には『有供《うく》養者福過十号《ようしゃふくかじゅうごう》』（供養する有《あ》らん者は福十号《ふくじゅうごう》に過《す》ぐ）とあるではないか。戦ったら、はかりしれない功徳《くどく》を積《つ》む。これは御本尊の約束《やくそく》である」

十号とは、仏《ほとけ》の十種《じっしゅ》の尊称《そんしょう》である。十号を具《そな》えた仏に供養するよりも、はるかに大きな福徳《ふくとく》を、皆さんは積んでいけるのである。さらに戸田先生は語《かた》られた。

「御本尊に願《ねが》い切っていく、その一人《ひとり》の信心が大事《だいじ》なのだ。その一人の人の信心によって、皆が最後は幸《しあわ》せになっていけるのだ」

「信心強く、自《みずか》らの生命に生き切って、幸福になり切っていけばよいのである」

「汝《なんじ》の若さを喜《よろこ》べ」

ともあれ、人生には、雨の日も、曇《くも》りの日も、嵐《あらし》の日もある。どんな時も、自分自身が「幸福の太陽」と輝《かがや》いていくことだ。今、現在、縁《えん》する人々も、そして未来に縁することになる人々も、皆、「希望の大光《たいこう》」「勇気の大光」「勝利の大光」で赫々《かっかく》と照《て》らし切っていける。その生命を、女子部の時代に築《きず》き上《あ》げていただきたい。

皆さんは若い。それが、どれほど素晴《すば》らしいことか。

十九世紀のアメリカの大詩《だいし》人《じん》・ロングフェローは、ハーバード大学で教壇《きょうだん》に立った教育者でもある。この大詩人は、乙女《おとめ》に呼《よ》びかけた。「汝《なんじ》の若さを喜《よろこ》べ(3)」と。

この一節《いっせつ》を、私もまた皆さんに贈《おく》りたい。ともに、「年《とし》は・わか《若》うなり福《ふく》はかさなり候《そうろう》べし」(全一一三五ページ・新一五四三ページ)と仰《おお》せのごとく、妙法を持《たも》った女性は、生涯《しょうがい》を青春《せいしゅん》の生命で若々しく、そして福々《ふくぶく》しく、勝ち飾《かざ》っていくことができる。

皆さん方の先輩《せんぱい》である「青春会」をはじめ、多くの婦人部のリーダーの方々《かたがた》が示《しめ》してこられた通《とお》りである。

どうか、生涯、わが「華陽《かよう》の誓《ちか》い」のままに、広宣流布の大道《だいどう》を、生きて生きて生き抜《ぬ》いていただきたい。

(1) *The Collected Works of Mahatma Gandhi*, vol.56, The Publications Division of The Ministry of Information and Broadcasting, Government of India, Navajivan Trust, Ahmedabad.

(2) *The Collected Works of Mahatma Gandhi*, vol.79, The Publications Division of The Ministry of Information and Broadcasting, Government of India, Navajivan Trust, Ahmedabad.

(3)『ロングフェロウ詩集』生田春月訳、越山堂

創価女子会館 開館三周年記念協議会でのスピーチ②

世界一の生命哲学《てつがく》を学《まな》べ!

二〇〇九年六月四日

「女子部 永遠《えいえん》の五指針《ししん》」の第二項目《こうもく》は、「世界一の生命哲学を学ぶ」である。

日蓮大聖人は明確《めいかく》に、「持《たも》たれる法さえ第一ならば、持つ人も同じく第一なのである」(全四六五ジペー・新五一六ジペー、通解)と仰《おお》せであられる。

人間の本当の偉《えら》さは、何で決まるか。財産《ざいさん》や名声《めいせい》、美貌《びぼう》などでは、決まらない。有名になって、一時的《いちじてき》に脚光《きゃっこう》を浴《あ》びたとしても、長い一生《いっしょう》にあって、不幸《ふこう》な流転《るてん》をたどってしまう人生模様《もよう》も少《すく》なくない。

人間の究極《きゅうきょく》の偉さは、いかなる法を持ち、いかなる哲学を学び、実践《じっせん》し抜《ぬ》いたかで決まる。「世界一の生命哲学」を持った皆さん方は、「世界一の充実《じゅうじつ》した高貴《こうき》な青春《せいしゅん》」

を、そして「世界一の価値《かち》ある勝利の人生」を歩《あゆ》みゆく方々《かたがた》なのである。

最高の宝《たから》は自分　宝を磨《みが》きゆけ！

十九世紀に生《せい》を受け、善《ぜん》なる民衆《みんしゅう》の勇気を鼓舞《こぶ》し、社会の変革《へんかく》のために戦った言論《げんろん》の闘士《とうし》がいる。フランスの女性作家《さっか》、ジョルジュ・サンドである。

彼女は、小説《しょうせつ》の主人公《しゅじんこう》の歌姫《うたひめ》に、こう語《かた》らせている。

「身分《みぶん》の高い人たちを見れば見るほど、哀《あわ》れみを感じます」「あの人たちは目立《めだ》ちたがり支配《しはい》したがります。そこが狂気《きょうき》の沙汰《さた》で惨《みじ》めなところです(1)」

誇《ほこ》り高き芸術家《げいじゅつか》の達観《たつかん》といえよう。見栄《みえ》っ張《ぱ》りな人間、威張《いば》った人間、権力《けんりょく》の魔性《ましょう》に狂《くる》った人間ほど、哀れなものはない。

友のため、社会のため、気高《けだか》き理想《りそう》のために行動《こうどう》する、皆さんのほうが、ずっと偉《い》大《だい》だ。幸福である。人は、どうしても、きらびやかな世界に目を奪《うば》われがちだ。世間《せけん》でもてはやされると、偉《えら》そうに見える。社会的地位が高いと、立派《りっぱ》に思う。いずれも愚《おろ》かな錯覚《さっかく》にすぎない。

自分以上の宝はないのだ。自分を離《はな》れて幸福はない。本来《ほんらい》、自分ほど素晴《すば》らしいものはないのである。これが仏法《ぶっぽう》である。自分という最高の宝《たから》を輝《かがや》かせるのだ。これが真実《しんじつ》の哲学《てつがく》である。大抵《たいてい》、人を見ると、自分と比《くら》べてしまう。もちろん、人から優《すぐ》れた点を学《まな》ぼうという気持ちは大事《だいじ》だ。

しかし、「あの人はいいな。幸福そうだ。立派《りっぱ》そうだ」と、うらやんでも、つまらない。何《なん》にもならない。自分自身を磨《みが》いて、自分自身が生きがいを感じて、生きていくのが勝利の人なのだ。これを深く心に刻《きざ》んでいただきたい。

若き心に教学の柱《はしら》を

法華経《ほけきょう》は、「女人成仏《にょにんじょうぶつ》」を通《とお》して、全人類《ぜんじんるい》の平等《びょうどう》と尊厳《そんげん》と幸福の道を開き切った、世界史を画《かく》する生命哲学である。御書には、「この法華経は、女人成仏を手本《てほん》として、一切衆生《いっさいしゅじょう》の成仏が説《と》かれている」「法華経の中では、女人成仏が第一である」（全一三一一ページ・新一七三八ページ、通解）等と記《しる》されている。

皆さん方の尊《とうと》き先輩《せんぱい》たちの真剣《しんけん》な祈《いの》りと、粘《ねば》り強《づよ》い努力《どりょく》によって、いよいよ「女性の世紀」が開かれてきた。皆さん方が躍《おど》り出《で》る晴《は》れ舞台《ぶたい》は、世界中に広がっている。

「行学《ぎょうがく》の二道《にどう》をはげみ候《そうろう》べし、行学たへ《絶》なば仏法はあるべからず、我《われ》もいたし人をも教化《きょうけ》候《そうら》へ、行学《ぎょうがく》は信心よりをこるべく候《そうろう》、力《ちから》あらば一文一句《いちもんいっく》なりともかたら《談》せ給《たも》うべし」（全一三六一ページ・新一七九三ページ）とは、「諸法実相抄《しょほうじっそうしょう》」の重大《じゅうだい》な一節《いっせつ》である。

この仰《おお》せ通《どお》り、「行学の二道《にどう》」に励《はげ》んだ青春《せいしゅん》が、いかに崇高《すうこう》であるかを、皆さん自身が体験《たいけん》し、そして証明《しょうめい》していっていただきたい。

御聖訓《ごせいくん》には、こうも記《しる》されている。

「法華経《ほけきょう》を、他の人が読《よ》むのは、口《くち》でばかり、言葉《ことば》ばかりでは読むけれども、心では読まない。心では読んでも、身では読まない。（あなたはこのように難《なん》にあって）身と心とで共に読まれたことは、じつに貴《とうと》いことである」（全一二一三ページ・新一六三九ページ、通解）

大聖人《だいしょうにん》の御心《おこころ》に寸分違《すんぶんたが》わず、正義を師子吼《ししく》したゆえに、命《いのち》にも及《およ》ぶ難を受け、ありとあらゆる障魔《しょうま》と戦い切ってきた。これが、創価の師弟《してい》である。

女子部の皆さんは、栄光輝《かがや》くこの道を、真《ま》っすぐに受《う》け継《つ》いでいっていただきたい。

「女子部は教学で立て」——これは、戸田先生の不滅《ふめつ》の指針《ししん》である。

この日蓮仏法《ぶっぽう》が、どれほど偉大《いだい》な人類究極《じんるいきゅうきょく》の幸福と平和の大哲学《だいてつがく》であるか。

人間自身を革命《かくめい》し、民衆《みんしゅう》の心を結《むす》び、世界の運命をも転換《てんかん》していく。その根本的方途《こんぽんてきほうと》は、仏法の英知《えいち》によるしかない。戸田先生は、鋭《するど》く喝破《かっぱ》された。

「外界《がいかい》がいかに究《きわ》め尽《つ》くされても、生命自体《じたい》の幸福の世界へは手のつけようがない」

「日蓮大聖人は、いかにすれば人類《じんるい》が幸福になれるかを探究《たんきゅう》なされた。この大聖人の生命哲学《てつがく》を、我々《われわれ》が学《まな》び、実践《じっせん》し切った時に、絶対《ぜったい》に幸福になれる、最高の哲学が輝《かがや》いていくのです」

また哲学の意義《いぎ》について、先生は、こうも述《の》べておられた。

「何《なん》のために、哲学は人間に必要《ひつよう》なのか。何のために、仏法《ぶっぽう》は人生に必要なのか。ただ自由勝手《かって》でよいならば、学校に行く必要もない。勉強する必要もない。信仰《しんこう》をする必要もない。しかし、それでは、必《かなら》ず後悔《こうかい》が残《のこ》る。

哲学を学び、仏法を学び、生命の奥深《おくぶか》さを見出《みいだ》していく。そして広々《ひろびろ》とした心で、深く感涙《かんるい》し、感動《かんどう》しながら、永遠《えいえん》の喜《よろこ》び、真実《しんじつ》の幸福を探求《たんきゅう》し、体得《たいとく》することが、どれだけ大いなる歓喜《かんき》であるか。

人生の深き不思議《ふしぎ》さとともに、無限《むげん》の喜びに充ち満《み》ちる自己《じこ》の生命を知ることの嬉《うれ》しさは、いかばかりであろうか」

さらに先生は、こう断言《だんげん》なされた。

「創価学会は御本尊を根本《こんぽん》として、広宣流布という崇高《すうこう》なる目的《もくてき》をもって進んでいる。そして、世界最高の東洋仏法《とうようぶっぽう》の真髄《しんずい》であり、全世界最高の大哲学《だいてつがく》である教学をもって、実践《じっせん》しているのである」

創価とともに、広宣流布に生きる皆さん方の宿縁《しゅくえん》の深さは、計《はか》り知《し》れないのである。

戸田先生は、女子部に教《おし》えられた。

「人生をよく見つめ、自分観《かん》、人生観、社会観、宇宙観、この四つを、きちっとまとめているのが仏法なのです」

「もっと御書をよく拝《はい》するのだ。なんでも御書に、ちゃんと書かれている」

「どんな問題が起《お》ころうとも、御書を根本《こんぽん》とすれば、決《けっ》して紛動《ふんどう》されることはない」

「妙法という最高の価値観《かちかん》に立てば、何事《なにごと》も、どう進めばよいかがわかるのだ」

信心の眼《まなこ》で見れば、進むべき道が見えてくる。虚栄《きょえい》や偽善《ぎぜん》に惑《まど》わされてはならない。

女子部教学室の友も、真剣《しんけん》に歴史を創《つく》ってきてくれた。揺《ゆ》れ動《うご》く多感《たかん》な青春《せいしゅん》の心に、教学という揺るがぬ柱《はしら》を打ち立てる意義《いぎ》は、実《じつ》に大きい。

大切《たいせつ》な女子部の皆さん方に、先生の大確信《だいかくしん》の指導を捧《ささ》げたい。

「まず〝私は、こうするのだ。こう戦うのだ〟と決め切ってごらん。それが哲学だよ」

「南無妙法蓮華経の哲学を実践しているのは、創価の師弟《してい》以外にいない。女子部は、この哲学《てつがく》をしっかり身につけて、広宣流布を成《な》し遂《と》げていただきたい。頼《たの》みます！」

揺《ゆ》るがぬ信心の土台《どだい》を築《きず》け

「幸福論」で有名なフランスの哲学者アランは論《ろん》じている。

「幸福はいつも逃《に》げ去《さ》る、と言われる。これはもらいものの幸福についてなら正《ただ》しい」「だが自分で得《え》る幸福は本物《ほんもの》だ。それは学《まな》ぶことだ」(2)

学ぶ青春《せいしゅん》は、幸福の道である。

きょうは、女子学生部の代表も参加されている。どうか、皆さんは、生き生きと学び、世界で光《ひか》る教養《きょうよう》と実力《じつりょく》をつけていっていただきたい。

ロシアの文豪《ぶんごう》トルストイは、釈尊《しゃくそん》の思想《しそう》から学んだ信念《しんねん》として、次のような言葉《ことば》を残《のこ》している。

「もし人が善《よ》き思想によって語《かた》ったり行動《こうどう》したりすれば、影《かげ》の形《かたち》に添《そ》うごとく、喜《よろこ》びが彼につきまとうであろう」(3)

またトルストイが、百年前に綴《つづ》った日記《にっき》がある。先日、わが創価学園出身《しゅっしん》の女子部の文学博士が翻訳《ほんやく》し、届《とど》けてくれた。

「現在を大切《たいせつ》に生きれば、それだけ、永遠《えいえん》の人生、不動《ふどう》の人生を生きることができる」(4)

その通《とお》りである。現在の女子部の時代に、永遠の大福運《だいふくうん》を積《つ》みゆけ！　不動の信心を築《きず》きゆけ！　こう私は、声を大《だい》にして叫《さけ》びたい。

私の妻《つま》も、女子部の時代に、揺《ゆ》るがぬ信心の土台《どだい》を築き上げた。折伏《しゃくぶく》、個人指導、人材育成《じんざいいくせい》にと走《はし》り、広布の大闘争《だいとうそう》を貫《つらぬ》いた。恩師《おんし》のために、人生のすべてを捧《ささ》げてきた。その心は、今も昔も全《まった》く変わらない。

師匠《ししょう》のため、同志《どうし》のため、広布のために、わが身をなげうって戦い抜《ぬ》く。これこそ、真実《しんじつ》の学会精神《せいしん》である。

(1)『歌姫コンシュエロ（下）』持田明子・大野一道監訳、原好男・山辺雅彦訳、藤原書店
(2)『アラン教育随筆』橋田和道訳、論創社
(3)『文読む月日（上）』北御門二郎訳、筑摩書房
(4) Лев Толстой : Полное собрание сочинений, Том57, Терра.

創価女子会館　開館三周年記念協議会でのスピーチ③

何があっても負けない青春を！

二〇〇九年六月四日

「女子部　永遠《えいえん》の五指針《ししん》」の第三は、「何があっても負《ま》けない青春《せいしゅん》」である。

日蓮大聖人は厳然《げんぜん》と記《しる》しておられる。

「法華経《ほけきょう》を持《たも》つ女性は、他の一切《いっさい》の女性にすぐれるだけでなく、一切の男性にも超《こ》えている」（全一一三四ジペー・新一五四二ジペー、通解）

皆様が、どれほど尊貴《そんき》な存在《そんざい》であるか。

また、大聖人は「法華経の師子王《ししおう》を持つ女性は、一切の地獄《じごく》・餓鬼《がき》・畜生《ちくしょう》などの百《ひゃく》獣《じゅう》に恐《おそ》れることはない」（全一三一六ジペー・新一七四五ジペー、通解）等と、繰《く》り返《かえ》し、女性の弟子《でし》を励《はげ》まされている。

この妙法を持《たも》ったということ自体《じたい》、「何があっても負《ま》けない」ということなのである。さらに大聖人《だいしょうにん》は、こうも仰《おお》せである。

「たとえ太陽と月《つき》が地に落《お》ち、須弥山《しゅみせん》が崩《くず》れたとしても、（妙法に尽《つ》くす）あの女性が仏《ほとけ》になられることは疑《うたが》いない」（全一三九〇ページ・新一九九九ページ、通解）

「たとえ、どんな煩《わずら》わしいことがあっても、夢だと思って、ただ法華経《ほけきょう》のことだけを考《かんが》えていきなさい」（全一〇八八ページ・新一四八一ページ、通解）

不確《ふたし》かな現実に一喜《いっき》一憂《いちゆう》したり、翻弄《ほんろう》されるのは愚《おろ》かである。

「何があっても私は広宣流布に生《い》き抜《ぬ》く」と決め切って、平然《へいぜん》と、悠然《ゆうぜん》と、使命《しめい》の青春《せいしゅん》を走《はし》り抜いていくことだ。

幸福の花は、忍耐《にんたい》と努力《どりょく》の根《ね》がありてこそ、美《うつく》しく咲《さ》くことを、決《けっ》して忘《わす》れてはならない。

戸田先生は指導《しどう》された。

「御本尊を受持《じゅじ》し、強盛《ごうじょう》に信行学《しんぎょうがく》に励《はげ》めば、いつまでも、悩《なや》める凡夫《ぼんぷ》でいるわけがない」

また、こうも言われた。

「どんな辛《つら》いことも、あとになってみれば、全部、夢のように、消《き》え去《さ》ってしまうものだ。だからこそ、長い目で、時を待《ま》つ忍耐《にんたい》を忘《わす》れてはならない」

「辛抱強《しんぼうづよ》くなることだ。御書に〝忍辱《にんにく》の鎧《よろい》を着《き》て〟という言葉《ことば》があるではないか。その実践《じっせん》が本当の仏道修行《ぶつどうしゅぎょう》だと思ってもらいたい」

戸田先生は、〝勝つこと以上に、断《だん》じて負《ま》けない青春《せいしゅん》を〟と幾《いく》たびとなく呼《よ》びかけられた。私の妻《つま》も、その指導のままに「負けない青春」「負けない人生」を歩《あゆ》み通《とお》してきた。そして、勝った。皆さん方は、その後《あと》に続《つづ》いていっていただきたい。

また、濁世《じょくせ》の社会にあって、事故《じこ》などに巻《ま》き込《こ》まれないことも大切《たいせつ》である。帰宅《きたく》も夜遅《よるおそ》くならないよう、細心《さいしん》の注意《ちゅうい》を払《はら》って、どうか「無事故《むじこ》第一」「健康第一」の聡《そう》明《めい》な前進をお願《ねが》いしたい。

勇気を出せ！　勇気を！

大事《だいじ》なのは「勇気」である。

ポーランド出身《しゅっしん》の女性革命家《かくめいか》ローザ・ルクセンブルクは同志《どうし》に呼びかけた。

「何も怖《おそ》れることなし（1）」

「勇気をだして」「勇気を！」(2)

かつて、女子学生の有志《ゆうし》が、夏季講習会《かきこうしゅうかい》で、このローザ・ルクセンブルクにちなんだ歌を、元気いっぱいに歌ってくれたことがあった。早いもので、それから、もう四十年になろうか。その時の「青春勇舞会《せいしゅんゆうまいかい》」の友も、婦人部のリーダーとして、今も変わらぬ大情熱《だいじょうねつ》で活躍《かつやく》してくれており、うれしい限《かぎ》りだ。

アメリカの女性詩人《しじん》であるエミリ・ディキンスンは綴《つづ》った。

「波乱《はらん》と難局《なんきょく》にあって、巨大《きょだい》な円柱《えんちゅう》のごとき自分自身を頼《たよ》りにすることは、なんと心強《こころづよ》きことか。自分という確《たし》かなものを持つことは、なんと素晴《すば》らしいことか」(3)

永遠《えいえん》に、何があっても揺《ゆ》るがない自分自身の生命をつくり上げていく――これが信心である。これが青春の学会活動である。

イタリア・ルネサンスの巨匠《きょしょう》であるレオナルド・ダ・ヴィンチは、「歳月《さいげつ》ほど速《はや》く流《なが》れるものはない」(4)と述《の》べている。レオナルド・ダ・ヴィンチといえば、かつて、世界最古《さいこ》の総合大学であるイタリアのボローニャ大学で、「レオナルドの眼《め》と人類《じんるい》の議会《ぎかい》――国連《こくれん》の未来についての考察《こうさつ》」と題《だい》して講演《こうえん》を行《おこな》ったことが懐《なつ》かしい。〈一九九四年六月。池田大作先生はこれまで、海外《かいがい》の大学・学術機関《がくじゅつきかん》で三十二回の講演を行っている〉

ダ・ヴィンチが言うように、青春《せいしゅん》も二度とやってこない。今、女子部の皆様は尊《とうと》き青春の時代を生きている。だからこそ、思い切って戦っていくことだ。創価の正義を叫《さけ》び抜《ぬ》いていくことだ。

「私がやります！」と立ち上がれ！

若いということが、どれほど大きな力《ちから》を秘《ひ》めているか。

私も、青春時代、戦って戦って、戦い抜いた。

戦後《せんご》、戸田先生の事業《じぎょう》は破綻《はたん》し、膨大《ぼうだい》な負債《ふさい》を抱《かか》えた。

先生のことを「馬鹿野郎《ばかやろう》！」と罵《ののし》り、去《さ》っていった人もいた。先生は、学会の理事長を辞《や》めざるを得《え》なくなった。

その中で、私は「私がやります！　私が働《はたら》いて、先生をお護《まも》りいたします！」とお誓《ちか》い申《もう》し上《あ》げた。当時、私は二十代。若かった。師匠《ししょう》のために働き抜いた。

やがて事業は苦境《くきょう》を乗《の》り越《こ》え、戸田先生が第二代会長に就任《しゅうにん》された。

しかし、今度は折伏《しゃくぶく》がなかなか進まない。先生は「このままでは、広宣流布に五万年かかってしまう」と嘆《なげ》かれた。

この時も私は「断《だん》じて私がやります！」と立ち上がった。私は蒲田《かまた》支部《しぶ》の二月闘争《とうそう》で折伏《しゃくぶく》の壁《かべ》を破《やぶ》り、七十五万世帯達成《せたいたっせい》への突破口《とっぱこう》を開いた。猛然《もうぜん》と、うねるような勢《いきお》いで拡大《かくだい》の歴史を築《きず》き、新しい学会の発展《はってん》の流《なが》れをつくっていったのである。

職場《しょくば》で「なくてはならない存在《そんざい》」に

戦争が終わった後、私は昭文堂《しょうぶんどう》という小さな印刷《いんさつ》会社に勤《つと》めていた。昭文堂の主人《しゅじん》は、私の仕事を全面的に信頼《しんらい》してくださっていた。できるだけ長く自分の会社で働《はたら》いてもらいたいと考《かんが》えておられたようだが、肺病《はいびょう》を患《わずら》っていた私は会社を辞《や》めざるを得《え》なくなり、自宅《じたく》から近い蒲田工業会《こうぎょうかい》に勤めることになった。

やがて戸田先生の会社で働くことが決まり、蒲田工業会を辞めることになった時も、上司《じょうし》や同僚《どうりょう》が「どうしても辞めなければいけないのか」と別《わか》れを惜《お》しみ、心のこもった送別会《そうべつかい》を開いてくれた。

職場で信頼を勝ち取り、なくてはならない存在になる。それでこそ、学会の青年部だ。〝あなたがいると会社がどんどん発展する〟——そう言われる存在になっていただきたい。また、真剣《しんけん》に信心をし、誠実《せいじつ》に努力《どりょく》を重《かさ》ねていけば、必《かなら》ずそうなっていけるのである。

何があっても、へこたれず前へ

皆さんが、友のために懸命《けんめい》に題目を唱《とな》え、行動《こうどう》する。学会活動に励《はげ》む。これほど尊《とうと》いことはない。日蓮大聖人が御賞讃《ごしょうさん》くださることは、絶対《ぜったい》に間違《まちが》いない。また現実の生活の上にも、厳然《げんぜん》たる功徳《くどく》の実証《じっしょう》が現《あらわ》れる。

他人《たにん》が見ていようが見ていまいが、そんなことは小さなことである。広布に生《い》き抜《ぬ》く人生には、何《なん》の悔《く》いも残《のこ》らない。すべての苦労《くろう》が生《い》かされていく。勝利の因《いん》となる。堂々《どうどう》と、誉《ほま》れの学会員として、私と一緒《いっしょ》に戦っていこう！

米《アメリカ》ハーバード大学の女性の文化人類《じんるい》学者であるベイトソン博士は述《の》べている。

「失敗《しっぱい》するたびに『そらみろ』といった目で見られるために、『やっぱり』と簡単《かんたん》にあきらめていては、伸《の》びる芽《め》も伸びない」(5)

失敗を恐《おそ》れない――女子部は、これでいこう！　何があってもへこたれずに、前へ、前へと進むことだ。そして最後に勝てばいい。

このベイトソン博士は、私がハーバード大学での二度目の講演《こうえん》で語《かた》った「生《せい》も歓喜《かんき》、死も歓喜《かんき》」の哲学《てつがく》に、深い共感《きょうかん》を寄《よ》せてくださっている。〈池田大作先生は一九九一年九月、九三年九月の二回、同大学で講演《こうえん》を行《おこな》った〉

世界最高峰《さいこうほう》の大学や、フランス学士院《がくしいん》などの学術機関《がくじゅつきかん》から招聘《しょうへい》を受け、講演を行う――それ自体《じたい》が、大変な名誉《めいよ》である。講演が終わった後《あと》、万雷《ばんらい》の拍手《はくしゅ》が鳴《な》りやまなかったことも、忘《わす》れ得《え》ぬ思い出である。

常《つね》に強き生命力《せいめいりょく》で前進

デンマークの作家《さっか》であり、「童話王《どうわおう》」として世界的に有名なアンデルセン。その小説《しょうせつ》の中で、登場人物《とうじょうじんぶつ》がこう語《かた》る。

「明るい、幸《しあわ》せな日が来るわ。あなたには若さがあるんですもの。若さというのはすぐに痛手《いたで》をいやして、心身《しんしん》ともに健《すこ》やかにしてくれるものよ」(6)

悩《なや》みに断《だん》じて負《ま》けず、乗《の》り越《こ》える。それが青春《せいしゅん》の戦いであり、青春の力《ちから》である。

「健康的な、朗《ほが》らかな青春であれ!」と申《もう》し上《あ》げたい。

もちろん、年《とし》を取ったからといって、元気をなくしてしまってはいけない。妙法に生《い》き抜《ぬ》く人は、生涯《しょうがい》「青春」である。生き生きと活躍《かつやく》する婦人部の大先輩《だいせんぱい》たちのように、永遠《えいえん》に〝女子部の心〟で進んでいただきたい。

女子部の皆さんの中には、結婚《けっこん》について悩《なや》む人がいるかもしれない。具体的《ぐたいてき》なことは、ご両親《りょうしん》や、婦人部をはじめ信頼《しんらい》できる先輩《せんぱい》などに、よく相談《そうだん》していただきたい。

その上で大事《だいじ》なのは、しっかりと御本尊に祈《いの》っていくことだ。焦《あせ》る必要《ひつよう》はない。早く結婚したから幸福かといえば、そうとも限《かぎ》らない。素晴《すば》らしい相手《あいて》と出会えるように、また、自分にとって、最高の形《かたち》で結婚できるように、祈っていけばいいのである。

そして、信心でわが生命を磨《みが》きながら、自分らしく輝《かがや》いていっていただきたい。

アンデルセンはこうも綴《つづ》っている。

「わらいは どんなかなしみをも やわらげる
信《しん》じたまえ、わたしたちのほめたたえる人は
たいてい わらったことで幸福をえたのだ！」(7)

「わらいは敵《てき》をもたおす」(7)

戸田先生の弟子《でし》として、女子部時代から薫陶《くんとう》を受けた私の妻《つま》は、どんな大変な時でも笑顔《えがお》を絶《た》やさなかった。

皆様もまた、何があっても、快活《かいかつ》に進んでいただきたい。題目をあげ抜《ぬ》き、強き生《せい》

命力《めいりょく》を湧《わ》き出《いだ》して進んでもらいたい。

女子部に信心の歓喜《かんき》の笑顔《えがお》が輝《かがや》く限《かぎ》り、学会は強くなり、発展《はってん》していける。私は、そう強く申《もう》し上《あ》げたい。

「一人《ひとり》」の真心《まごころ》が、どれほど偉大《いだい》か。「一人」の信心の波動《はどう》が、どれほど大きいものか。日蓮大聖人は、さじき女房《にょうぼう》という女性門下《もんか》に宛《あ》てた御手紙《おてがみ》のなかで、法華経《ほけきょう》に供養《くよう》する深い意義《いぎ》について、次のように仰《おお》せである。

「たとえば、春の野《の》が千里《せんり》ほどにも広がって草《くさ》が生《お》い茂《しげ》っている所《ところ》に、豆粒《まめつぶ》ほどの小さな火を一つの草に放《はな》てば、それはたちまちに燃《も》え広がって無量無辺《むりょうむへん》の火となります」（全一二三一ジペー・新一七〇四ジペー、通解）

鮮《あざ》やかな譬《たと》えである。そして、一人の供養から生《しょう》じた功徳《くどく》は、その父母《ふぼ》や祖父母《そふぼ》にも、家族にも、さらに多くの衆生《しゅじょう》の生命にまで広がっていくというのである。

〝一つの行動《こうどう》〟から、すべては始まる。〝一言《ひとこと》の励《はげ》まし〟から、勇気が生まれる――この大原則《だいげんそく》をわが身に体現《たいげん》し、広宣流布の舞台《ぶたい》を広げてきたのが、皆さんの先輩《せんぱい》である婦人部の方々《かたがた》だ。偉大なる婦人部は今月（二〇〇九年六月）十日、結成《けっせい》五十八周年《しゅうねん》を迎《むか》える。おめでとう！

「変革《へんかく》できない分野《ぶんや》などない」

世界人権宣言《じんけんせんげん》の起草《きそう》に尽《つ》くした、「アメリカの人権の母」エレノア・ルーズベルト大統領夫人《だいとうりょうふじん》は、最晩年《さいばんねん》の著書《ちょしょ》に綴《つづ》っている。

「私たちが本当に強く願《ねが》い、その願いに対《たい》して確信《かくしん》を持《も》ち、その実現のために誠心《せいしん》誠意《せいい》、行動《こうどう》するならば、人生において、願いどおりに変革できない分野など、何ひとつないと確信しています（8）」

創価の女性の決心《けっしん》と通《つう》じ合《あ》う言葉《ことば》である。いわんや私たちは、無上《むじょう》の妙法を持《たも》ち、広宣流布の大道《だいどう》を歩《あゆ》んでいる。不可能《ふかのう》に思える困難《こんなん》が立ちはだかったとしても、すべてをよりよく変えていく力《ちから》の源《みなもと》は、この信心である。

また、エレノア・ルーズベルトは訴《うった》えた。

「私が深く確信すること。それは〝私たちの歴史は、私たちが創《つく》っている〟ということです。歴史がどのような方向《ほうこう》に進むかは、私たちの選択《せんたく》によって決まります。その選択は、人々の持つ思想《しそう》、信念《しんねん》、価値観《かちかん》、そして夢から生まれてくるのです（8）」

戦争から平和へ、対立《たいりつ》から共生《きょうせい》へ、あきらめから希望へ——新しい歴史を創っているのが、創価の民衆《みんしゅう》運動である。
私たちは、広宣流布という壮大《そうだい》な夢に生きましょう！　ともどもに！

（1）『ヨギヘスへの手紙　1』伊藤成彦・米川和夫・阪東宏訳、河出書房新社
（2）『ヨギヘスへの手紙　3』伊藤成彦・米川和夫・阪東宏訳、河出書房新社
（3）*The Poems of Emily Dickinson*, edited by Ralph William Franklin, Harvard University Press.
（4）Barbara O'Connor, *Leonardo Da Vinci: Renaissance Genius*, Carolrhoda Books, Inc.
（5）『女性として、人間として』桜内篤子訳、ティビーエス・ブリタニカ
（6）デンマーク王立国語国文学会編『アンデルセン小説・紀行文学全集　3』鈴木徹郎訳、東京書籍
（7）『世界の詩　73　アンデルセン詩集』山室静訳、彌生書房
（8）*Tomorrow is Now*, Harper & Row, Publishers.

創価女子会館　開館三周年記念協議会でのスピーチ④

語った分、仏縁が広がる　語った分、永遠の福運に

語った分《ぶん》、仏縁《ぶつえん》が広がる
語った分、永遠《えいえん》の福運《ふくうん》に

二〇〇九年六月四日

さて、女子部への新指針《しんしん》の第四は、「正義と友情《ゆうじょう》の華《はな》の対話《たいわ》を」である。私たちの世界において、対話の意義《いぎ》はまことに大きい。

大聖人《だいしょうにん》は「この娑婆《しゃば》世界は耳根得道《にこんとくどう》の国（仏法《ぶっぽう》を耳《みみ》で聞くことによって成仏《じょうぶつ》する国土《こくど》）である」（全四一五ページ・新三六三ページ、通解）と明言《めいげん》されている。

ゆえに、妙法を相手《あいて》の耳に入《い》れ、仏縁を結《むす》ぶことが、どれほど尊《とうと》い仏《ほとけ》の仕事であるか。皆様方の対話こそ、何ものにも勝《まさ》る幸福と正義の拡大《かくだい》なのである。

大聖人は「仏になる法華経《ほけきょう》を耳に触《ふ》れるならば、これを種《たね》として必《かなら》ず仏になる」「と

にもかくにも法華経《ほけきょう》を強《し》いて説《と》き聞かせるべきである」（全五五二㌻・新六九七㌻、通解）等々、明快《めいかい》におっしゃっている。

最極《さいごく》の正法正義《しょうほうしょうぎ》を、多くの友に、声を惜《お》しまず語《かた》り切っていくことである。語った分《ぶん》だけ、永遠《えいえん》の幸福の仏縁《ぶつえん》が結《むす》ばれる。語った分だけ、わが生命に、永遠の福運《ふくうん》の歴史が刻《きざ》まれる。

「須《すべから》く心を一《いつ》にして南無妙法蓮華経と我《われ》も唱《とな》へ他をも勧《すすめ》んのみこそ今生人界《こんじょうにんかい》の思出《おもいで》なるべき」（全四六七㌻・新五一九㌻）と説かれている通《とお》りである。

臆《おく》せずに真実《しんじつ》を語れ

とくに、正義《せいぎ》を語るに当《あ》たっては、臆してはならない。遠慮《えんりょ》してはならない。大聖人《だいしょうにん》は「少《すこ》しもへつらわずに振《ふ》る舞《ま》い、語っていきなさい」（全一一六四㌻・新一五八三㌻、通解）と励《はげ》まされている。

真実をありのままに、毅然《きぜん》と言い切っていく強さが、折伏精神《しゃくぶくせいしん》である。学会精神である。広宣流布の精神である。この誇《ほこ》り高き強さがあったから、今日《こんにち》の学会があるのだ。

戸田先生は対話《たいわ》のポイントを指摘《してき》された。

「相手《あいて》に真面目《まじめ》に真実《しんじつ》を語《かた》る。そして心にあるものを訴《うった》えていく。これが創価学会の発祥《はっしょう》の原理《げんり》であり、発展《はってん》の原動力《げんどうりょく》である」

「心と心の交流《こうりゅう》、友情《ゆうじょう》の拡大《かくだい》、異《こと》なる文化の理解《りかい》を育《はぐく》む〝人間主義《しゅぎ》の対話〟が大事《だいじ》である」

そして戸田先生は次のように教《おし》えられた。

――仏法《ぶっぽう》の難解《なんかい》な法理《ほうり》をいきなり説《と》いても、理解されるものではない。

時には、文学《ぶんがく》に話題《わだい》を広げ、また、音《おん》楽《がく》を論《ろん》じ、絵画《かいが》について語り合いながら、心広々《こころひろびろ》と、心豊《ゆた》かに、この大法《だいほう》を弘《ひろ》めていくのである――

恩師《おんし》の教《おし》えを胸《むね》に、私も、あらゆる壁《かべ》を乗《の》り越《こ》える対話《たいわ》を心がけてきた。

妻《つま》と一緒《いっしょ》に、あの国にも、この大陸《たいりく》にも、世界中に対話の道を開き、友情《ゆうじょう》の橋《はし》をかけてきた。

すべて、女子部の皆さんたちに託《たく》していく宝《たから》である。どうか、創価の哲学者《てつがくしゃ》として、思う存分《ぞんぶん》に、楽しく伸《の》び伸びと、対話の華《はな》を広げていっていただきたい。

誠実《せいじつ》の人たれ

人間性をめぐる世界の箴言《しんげん》を、さらに幾《いく》つか紹介《しょうかい》しておきたい。

ドイツの文豪《ぶんごう》ゲーテは「誠実なのが　やはり一番」(1)と記《しる》した。

この言葉《ことば》は、むしろ男性が心すべきであろう。

仏法《ぶっぽう》を根本《こんぽん》に生きる誠実の人を、諸天《しょてん》が護《まも》らないわけがない。

「偉《えら》い人間ほど気取《きど》らないものです」(2)――これは、アメリカの作家《さっか》エレナ・ポーターの言葉である。

リーダーは、同志《どうし》に真心《まごころ》をもって尽《つ》くすためにいる。断《だん》じて偉ぶるためではない。

皆さんも、この点を忘《わす》れてはならない。

アメリカの思想家《しそうか》エマソンは論《ろん》じている。

「一人対一《ひとりたい》人のこの法則《ほうそく》は、対話《たいわ》にとっては欠《か》くべからざるもので、而《し》かもその対話なるものは、友情《ゆうじょう》の実行《じっこう》であり、成就《じょうじゅ》であるのである」(3)

一対一の対話を積《つ》み重《かさ》ね、友情を拡大《かくだい》しゆく人生が最《もっと》も尊《とうと》い。

また、対話を通《とお》して最高峰《さいこうほう》の思想、哲学《てつがく》を語《かた》っていけるということは、世界市民としての誉《ほま》れでもある。

御書には「常《つね》に語り合って生死《しょうじ》の迷苦《めいく》を離《はな》れ、同心《どうしん》に霊山浄土《りょうぜんじょうど》においてうなずき合って話しなさい」(全九〇〇ページ・新一二一一ページ、通解)とある。

永遠《えいえん》の常楽我浄《じょうらくがじょう》の境涯《きょうがい》を、同志《どうし》とともに勝ち開いていけるのが妙法である。

目・耳・口《くち》の三重苦《さんじゅうく》を乗《の》り越《こ》えて、社会福祉《ふくし》事業家《じぎょうか》として貢献《こうけん》した、あのヘレン・ケラーは語っている。

「思想は、炎《ほのお》や剣よりも強いものです。それは、国から国へと、音もなく広がり、人類《じんるい》は、その豊穣《ほうじょう》なる実《みの》りを求《もと》め、それを収穫《しゅうかく》するのです」(4)

今、皆さんは、来る日も来る日も「一人」の友と誠実《せいじつ》な対話を重ねている。こうして草《くさ》の根《ね》の対話《たいわ》を地道《じみち》に繰《く》り広《ひろ》げていることが、やがて世界広宣流布の大輪《たいりん》の華《はな》と咲《さ》き薫《かお》っていくのだ。

ゲーテの詩《し》に、通《とお》りすがりの小さな花との出あいをうたったものがある。これまでにない、かわいい花。折《お》ろうとすると、花が言う。

「私にゃ根がある
人の知らない
地面にふかく
根ざしているので
それで私の
花はきれいだ」(5)

人知《ひとし》れず、努力《どりょく》を重《かさ》ね、妙法の大地に深く根を張《は》ってこそ、自分にしかない使命《しめい》の花を咲かすことができる。

そしてその花は、世界に、未来に、限《かぎ》りなく希望の種《たね》を広げていくのである。

（1）「西東詩集」生野幸吉訳、『ゲーテ全集 2』所収、潮出版社

（2）『スウ姉さん』村岡花子訳、角川書店

（3）『エマアソン全集 1 論文集（上）』平田禿木訳、国民文庫刊行会（新字体、現代仮名づかいに改めた）。引用箇所には全て傍点。

（4）*Optimism*, T. Y. Crowell and Company.

（5）『ゲーテ全集 1 詩集』三浦吉兵衛訳、大東出版社（現代仮名づかいに改めた）

創価女子会館　開館三周年記念協議会でのスピーチ⑤

青春の「誓《ちか》い」を生涯《しょうがい》貫《つらぬ》け

二〇〇九年六月四日

女子部の「永遠《えいえん》の五指針《ししん》」の第五は、「永遠に師弟《してい》勝利の門《もん》を開く」である。

有名な御聖訓《ごせいくん》には、「女子《おなご》は門をひらく《開》」（全一五六六ページ・新一九〇二ページ）と仰《おお》せである。

一人《ひとり》の乙女《おとめ》から、どれほど大きな幸福と繁栄《はんえい》の門が開かれていくことか。

「門を開く」――この短《みじか》い一言《ひとこと》から、女性に寄《よ》せられる、日蓮大聖人の甚深《じんじん》の御期《ごき》待《たい》が拝《はい》されてならない。

思えば、法華経《ほけきょう》に登場《とうじょう》する若き竜女《りゅうにょ》は、偏見《へんけん》や差《さ》別《べつ》が渦巻《うずま》くなか、それまでの価値《かち》観《かん》を打《う》ち破《やぶ》って、「女人成仏《にょにんじょうぶつ》」を身をもって示《しめ》した。

自身の成仏を通《とお》して、一切衆生《いっさいしゅじょう》が成仏できることを証明《しょうめい》したのである。

その姿《すがた》に、娑婆《しゃば》世界の衆生《しゅじょう》は「心大歓喜《しんだいかんき》」――心は大《おお》いに歓喜して、竜女《りゅうにょ》に敬礼《けいれい》を捧《ささ》げたと説《と》かれている。

私は、「心大歓喜」の経文《きょうもん》を認《したた》めた和紙《わし》を、広宣流布の「希望の門《もん》」を開く女子部の皆さんの活躍《かつやく》を祈《いの》り、ここ創価女子会館の誕生《たんじょう》を記念《きねん》して贈《おく》らせていただいた。

「あの人のように!」と輝《かがや》く模範《もはん》に

竜女は、大師匠《だいししょう》である釈尊《しゃくそん》に誓《ちか》う。

――ただ仏《ほとけ》のみが自分の成仏《じょうぶつ》を知ってくださっています。私は大乗《だいじょう》の教《おし》え(法華経《ほけきょう》)を開いて、苦悩《くのう》の衆生《しゅじょう》を救《すく》ってまいります――

竜女には、師匠がすべてを分かってくださっているという深く強い確信《かくしん》があった。

そして「師と共に」不惜身命《ふしゃくしんみょう》で戦い抜《ぬ》くという誓願《せいがん》があった。

「師と共に、広宣流布に尽《つ》くそう!」「師と共に、皆に励《はげ》ましを贈ろう!」

そのように〝誓う〟心の発露《はつろ》には、立場《たちば》も役職《やくしょく》も関係《かんけい》ない。距離《きょり》も関係ない。

池田華陽会《かようかい》の歌「華陽の誓い」に込《こ》められた「誓い」の二字。

今の皆さん方が、青春《せいしゅん》の、わが誓いを果《は》たし抜いていくなかで、いかに壮大《そうだい》な広宣流布の勝利の劇《げき》が織《お》り成《な》されていくことか。

そして、皆さんの「青春《せいしゅん》のスクラム」が、未来永遠《えいえん》の希望の鑑《かがみ》として仰《あお》がれていくことは、絶対《ぜったい》に間違《まちが》いないのである。

皆さんの大先輩《だいせんぱい》で、「師弟《してい》勝利の門《もん》」を大きく開いた一人《ひとり》に、多田《ただ》（旧姓《きゅうせい》＝湊《みなと》）時子《ときこ》さんがいる。

一九二五年（大正十四年）の十月に生まれ、五歳になる前に父が他界《たかい》。自身も病《やまい》で苦《くる》しみ、戦争で青春を奪《うば》われた。終戦後《しゅうせんご》、最愛《さいあい》の母まで亡《な》くした。

生きる希望を失《うしな》いかけた彼女が、入会したのは一九五一年（昭和二十六年）の八月。御本尊を御安置《ごあんち》する時に駆《か》けつけたのが、当時、女子部の班長《はんちょう》であった私の妻《つま》である。妻のほうが年下《としした》であったが、信心の先輩として、また親友《しんゆう》となって、妻は彼女を励《はげ》まし続《つづ》けていった。不幸《ふこう》と貧乏《びんぼう》のどん底《ぞこ》にあった彼女は、信心で蘇生《そせい》し、鮮《あざ》やかな青春勝利の劇を綴《つづ》った。

戸田先生のもと、「華陽会《かようかい》」の一員に選《えら》ばれ、薫陶《くんとう》を受けた。

人間は、出会う人によって、指導のいかんによって、大きく変わっていけるものだ。

戸田先生が逝去《せいきょ》された直後《ちょくご》の一九五八年五月三日、多田さんは全国女子部長となっ

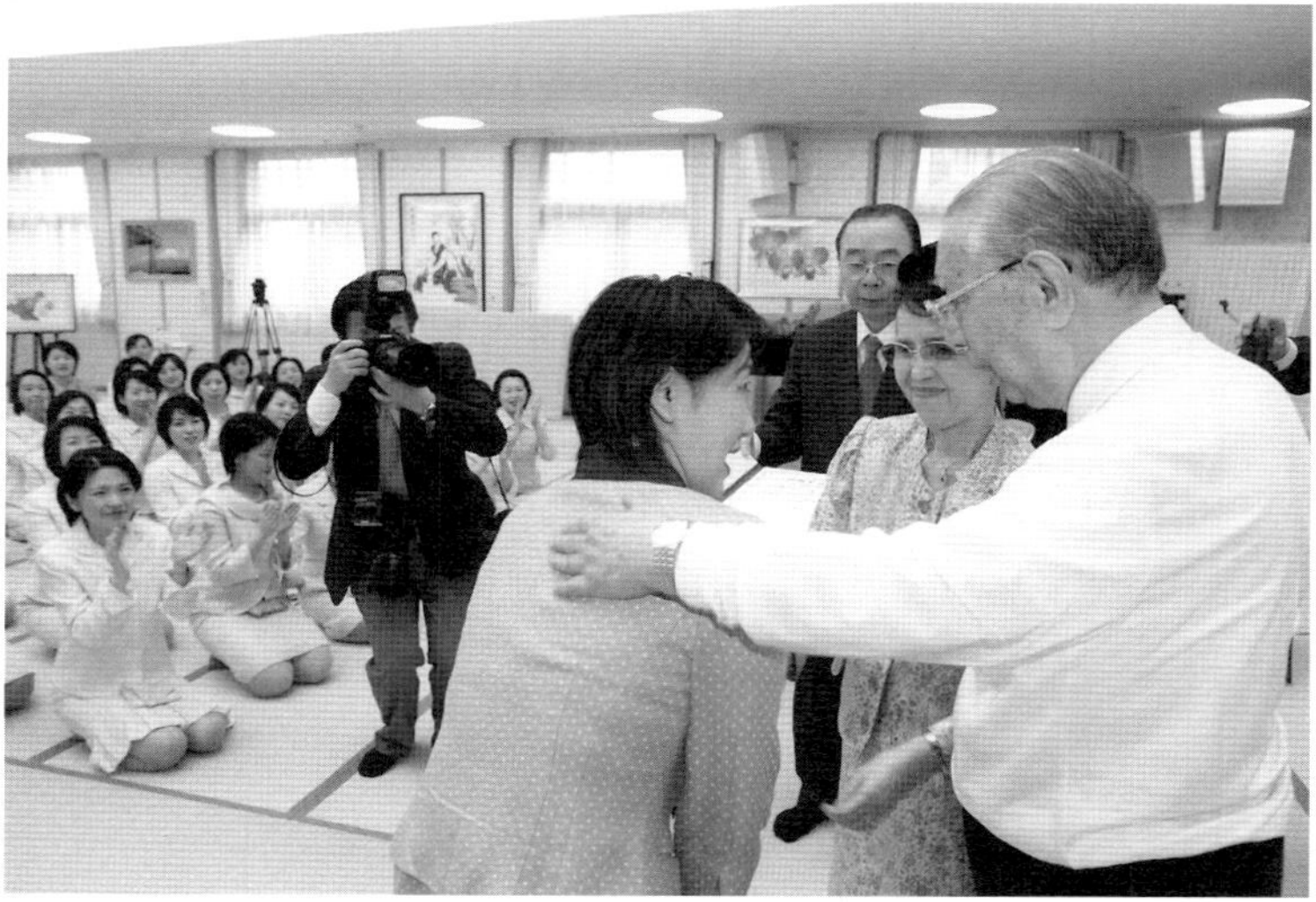

た。五年間で、女子部を五万五千人から四十万人へ、じつに七倍以上に拡大《かくだい》した。

また、今や世界中で歌われる愛唱歌《あいしょうか》「今日も元気で」が誕生《たんじょう》したのは、彼女が全国婦人部長の時代である。

女性の時代の先駆《せんく》として衆議院議員《しゅうぎいんぎいん》も務《つと》めた。引退後《いんたいご》、広布の最前線《さいぜんせん》に舞《ま》い戻《もど》って恩返《おんがえ》しの戦いを貫《つらぬ》き、多くの後輩《こうはい》を育《そだ》て上《あ》げた。

多田《ただ》さんは、日本の女性リーダーの一人《ひとり》として、世界の名士《めいし》とも堂々《どうどう》と語《かた》り合《あ》った。

妙法に生《い》き抜《ぬ》く人生は、まさにそのように、無数《むすう》の諸天善神《しょてんぜんじん》と語り、仏菩薩《さつ》と握手《あくしゅ》を交《か》わすような、自由自在《じざい》の大境涯《だいきょうがい》となる。最高の栄冠《えいかん》に輝《かがや》く生命となる。
これを深く確信《かくしん》していただきたい。

〈多田《ただ》さんは、二〇〇〇年（平成十二年）十二月二日に亡《な》くなった。その二週間ほど前、池田大作先生夫妻《ふさい》に心からの感謝《かんしゃ》の言葉《ことば》を残《のこ》している。

「私こと、おかげさまで、入信以来、五十年。池田先生、御奥様の無限《むげん》の御慈悲《ごじひ》に包《つつ》まれまして、弟子《でし》の道の一分《いちぶん》を、歩《あゆ》み抜《ぬ》かせていただきました。稀有《けう》の大師匠《だいししょう》にめぐり会えました福運《ふくうん》により、黄金の人生を、そして望外《ぼうがい》の至福《しふく》の人生を、歩ませていただきました。

この御高恩《ごこうおん》に対《たい》し、永遠《えいえん》に生死《しょうじ》生死を繰《く》り返《かえ》しながら、必《かなら》ずや、広布のお役《やく》に立《た》ち、御深恩《ごじんおん》にお応《こた》え申《もう》し上《あ》げる決意《けつい》でございます。文《ぶん》は意《い》を尽《つ》くさず、誠《まこと》に申し訳《わけ》ございませんが、一言《ひとこと》、御《おん》礼《れい》を申し述《の》べさせていただきました。

心より、心より、感謝申し上げ、厚《あつ》く、厚く、重《かさ》ねて御礼申し上げます。

池田先生、御奥様の愈々《いよいよ》の御健康と、御長寿《ごちょうじゅ》を衷心《ちゅうしん》よりお祈《いの》り申し上げ、また創価学会の永久《えいきゅう》の御発展《ごはってん》を、強くお祈り申し上げます」〉

信仰《しんこう》は無限《むげん》の希望の源泉《げんせん》

「伸《の》びやかに生きる秘訣《ひけつ》」は何か。

米《アメリカ》ハーバード大学の文化人類《じんるい》学者、ベイトソン博士は、その一つとして「自分が他《た》人《にん》と異《こと》なることが弱《よわ》みでなく強《つよ》みになりうることを認識《にんしき》すること」（1）を挙《あ》げている。急所《きゅうしょ》を突《つ》いた指摘《してき》といえよう。何より、私たちは信仰《しんこう》をしている。無限《むげん》の希望の源泉《げんせん》である、大仏法《だいぶっぽう》を持っている。それこそが、最大の「強み」なのである。

戸田先生は、よく語《かた》っておられた。

「創価の師弟《してい》を信《しん》じて、いかなることがあろうと、共に戦い進む同志《どうし》の集《あつ》まり。それが、学会の最大のあり方である」

師の心をわが心として、同志《どうし》と苦楽《くらく》を共にしていくのが、真実《しんじつ》の弟子《でし》の道である。反対《はんたい》に、偉大《いだい》なものに嫉妬《しっと》し、私利私欲《しりしよく》に狂《くる》い、尊《とうと》き同志を見下《みくだ》す増上慢《ぞうじょうまん》の末路《まつろ》が、いかに惨《みじ》めか。皆様がよくご存《ぞん》じの通《とお》りである。

二十世紀の女性哲学者《てつがくしゃ》、ハンナ・アーレントは「嫉妬には傲慢《ごうまん》と結《むす》びつく特徴《とくちょう》がある」（2）と書《か》き残《のこ》している。

どうか一人《ひとり》一人が、多くの後輩《こうはい》たちから、「あの人の生きたように！」と慕《した》われる、輝《かがや》く模範《もはん》となっていただきたい。

白樺《しらかば》の友に感謝《かんしゃ》！　女性に最敬礼《さいけいれい》

女子部「白樺グループ」（看護者の集《かんごしゃのつど》い）の結成《けっせい》四十周年《しゅうねん》、本当におめでとう！

婦人部「白樺会」の皆さんも、いつも大変にご苦労《くろう》さまです。

日ごろから同志《どうし》の健康を厳然《げんぜん》と守ってくださっている、一番尊《とうと》い方々《かたがた》である。

生命ほど大切《たいせつ》な宝《たから》はない。その生命を守る白樺の方々に対《たい》して、社会は最高の勲章《くんしょう》を贈《おく》って讃《たた》えるべきである——これが私の持論《じろん》である。

生命を軽視《けいし》する風潮《ふうちょう》が強い時代にあって、生命尊厳《そんげん》の大哲理《だいてつり》を掲《かか》げ、「生命の世紀」を建設《けんせつ》する白樺の皆さんこそ、まさに「慈愛《じあい》の博士」であり「慈愛の天使《てんし》」である。

「白樺の心よ、全世界に広がれ！」と、私たち夫婦《ふうふ》は祈《いの》り、叫《さけ》びたい。大切な白樺の友と一緒《いっしょ》に、「生命尊厳の二十一世紀」を築《きず》いてまいりたい。

「鉄鋼王《てっこうおう》」として名高《なだか》い、アメリカの実業家《じつぎょうか》、カーネギーは述懐《じゅっかい》している。

「私たちの経験《けいけん》からいうと、若い女性は、男子青年よりも信頼《しんらい》がおける」（3）

広宣流布の世界も、事実《じじつ》のうえで、女性の活躍《かつやく》が光《ひか》っている。さらに、社会の各界《かっかい》のリーダーから、女子部への賞讃《しょうさん》の声が、多数《たすう》、寄《よ》せられている。

仏法《ぶっぽう》は男女平等《びょうどう》であり、妙法の女性は一人《ひとり》も残《のこ》らず、かけがえのない使命《しめい》を持った最高に尊貴《そんき》な人である。

ゆえに、男性は女性に対《たい》し、「いつもありがとうございます」と最敬礼《さいけいれい》する思いで、心から尊重《そんちょう》し、応援《おうえん》していくべきだ。これを、より一層《いっそう》、実行《じっこう》していけば、広布の勢《いきお》いは倍加《ばいか》する。もしも、威張《いば》る男性や生意気《なまいき》な男性がいたならば、女性が声をあげ、正《ただ》していくのだ。

戸田先生は、「広宣流布は女性の力《ちから》で成《な》し遂《と》げられる。尊《とうと》きは、女性の力である」と断言《だんげん》された。さらに、先生は次のように宣言《せんげん》された。

――女子部員を増《ふ》やし、女子部を強くすることが、広宣流布の永遠《えいえん》の勝利の門《もん》を開き、創価学会の永遠の繁栄《はんえい》の門を開く、と。

戸田先生も、今の女子部の皆さんの姿《すがた》をご覧《らん》になったら、どれほど喜《よろこ》ばれることか。

私は、わが人生の総仕上《そうしあ》げのこの時、「華陽《かよう》の誓《ちか》い」を抱《いだ》いて躍《おど》り出《で》てこられた女子部の皆さんに、不思議《ふしぎ》な縁《えにし》を感じてならない。

宝《たから》の中の宝である皆さんに、広宣流布の未来の一切《いっさい》を託《たく》していきたい。私と妻《つま》は、そうした祈《いの》りを込《こ》めて、皆さんを見守《みまも》っている。

使命《しめい》の舞台《ぶたい》で「師弟《してい》勝利の花」を

この春（三月二十一日）、私は、「戸田大学」の卒業生《そつぎょうせい》として、また皆さんの代表として、北欧《ほくおう》のデンマーク・南大学から「名誉博士号」を拝受《はいじゅ》した。〈二〇二二年一月現在、池田先生に贈《おく》られた名誉学術称号《がくじゅつしょうごう》は、三百九十八を超《こ》える〉

その名誉博士のメダルには、「童話王《どうわおう》」アンデルセンの肖像《しょうぞう》が刻《きざ》まれていた。

アンデルセンは高らかに謳《うた》った。

「世界は若い　若者《わかもの》とともに　若い」(4)

この言葉《ことば》を踏《ふ》まえて

「創価は若い。華陽《かよう》の友と共に若い」

そして――

「未来は明るい。華陽の友と共に明るい」

こう、限《かぎ》りない期待《きたい》を込《こ》めて、私は申《もう》し上《あ》げたい。

きょうの記念《きねん》として、シンガポール国立植物園《こくりつしょくぶつえん》が命名《めいめい》してくださった〝香峯子蘭《かねこらん》〟（デンドロビューム・カネコ・イケダ）の写真《しゃしん》を贈《おく》りたい。

とともに、花の池田華陽会の皆様に

気高《けだか》くも
優美《ゆうび》に薫《かお》れる
香峯子蘭《かねこらん》
華陽《かよう》の姫《ひめ》も
喜《よろこ》び続《つづ》きて

と和歌《わか》を詠《よ》ませていただいた。

大東京をはじめ、日本全国、全世界の華陽の同志《どうし》に、「万歳《ばんざい》！」と叫《さけ》びたい。わが使命《しめい》の舞台《ぶたい》で、「師弟《してい》勝利の花」を、美《うつく》しく咲《さ》かせていっていただきたい。お父さんやお母さんにも、お会いできなかった同志にも、くれぐれも、よろしくお伝《つた》えください。

〈ここで、参加者が池田華陽会歌「華陽の誓《ちか》い」を、誇《ほこ》らかに歌い上げた〉

いい歌だ。ありがとう。この歌とともに、生涯《しょうがい》、わが「誓い」を抱《だ》きしめながら、心晴《は》れ晴《ば》れと進んでいただきたい。

皆さん、どうか、お体を大切《たいせつ》に。仲良《なかよ》く、どこまでも仲良く。悔《く》いのない、素晴《すば》らしい勝利の歴史をつくっていただきたい。

お元気で！　また、お会いしよう！

（1）『女性として、人間として』桜内篤子訳、ティビーエス・ブリタニカ
（2）『思索日記 I　1950-1953』青木隆嘉訳、法政大学出版局
（3）『カーネギー自伝』坂西志保訳、中央公論新社
（4）デンマーク王立国語国文学会編『アンデルセン小説・紀行文学全集 5』鈴木徹郎訳、東京書籍

第二章

随筆

「池田華陽会《かようかい》」の前進を喜《よろこ》ぶ

「青春の誓《ちか》い」に生きる誇《ほこ》り

二〇〇八年五月一日

美《うつく》しき
　華《はな》の心に
　　燦々《さんさん》と
太陽かがやき
　君《きみ》らを包《つつ》まむ

天も晴《は》れ、心も晴れて、栄光燦《さん》たる「五月三日」を迎《むか》えることができた。
私は、全世界の尊《とうと》き同志《どうし》の皆様方に感謝《かんしゃ》し、万感込《ばんかんこ》めて「創価学会の日、万歳《ばんざい》！」

「創価学会母の日、万歳《ばんざい》！」と叫《さけ》びたい。

「5・3」は、創価の師弟《してい》にとって、誇《ほこ》り高き凱旋《がいせん》の日である。そして新《あら》たな勝利へ勇敢《ゆうかん》に出陣《しゅつじん》する日である。溌剌《はつらつ》たる、快活《かいかつ》な魂《たましい》を先頭《せんとう》に、永遠《えいえん》に前へ！

イギリスの若き詩心《しごころ》の乙女《おとめ》エミリー・ブロンテは歌った。

「わたしたちの魂は　みな神聖《しんせい》なのです(1)」

「天の太陽は　あなたのなかに　輝《かがや》いています(1)」

創価の新時代の到来《とうらい》を告《つ》げて、太陽の女子部の乙女たちが晴《は》れ晴《ば》れと、平和のために乱舞《らんぶ》している。

喜《よろこ》びが爛漫《らんまん》と広がるなか、広宣流布の第二幕を開きゆく、師弟不二《ふに》の若き花のスクラムが完全《かんぜん》に出来上《できあ》がった。女子部の「池田華陽会《かようかい》」の結成《けっせい》である。

この創価の姉妹《しまい》の連帯《れんたい》は、今回のメンバーを第一期生として、さらに第二期生、第三期生と、美《うつく》しく尊《とうと》く、滔々《とうとう》たる人材《じんざい》の大河《たいが》となって、流《なが》れ通《かよ》っていくに違《ちが》いない。

その実像《じつぞう》は、まことに気高《けだか》く麗《うるわ》しい。

新しき時代が来た！　新しき世紀が来た！　世界の広宣流布の山々が見えてきた。

何《なん》と嬉《うれ》しいことだろうか。本当におめでとう！

結成《けっせい》の意義《いぎ》を留《とど》め、清《きよ》らかな心の女子部の皆さんから、「華陽時計《かようどけい》」も届《とど》けられた。「華陽」という名前は、光《ひか》り輝《かがや》く「太陽」に照《て》らされながら、人びとの心に限《かぎ》りなく神々《こうごう》しい感動《かんどう》を贈《おく》りゆく「華《はな》」を象徴《しょうちょう》したものだ。

この華陽時計と一緒《いっしょ》に、皆様方は、かけがえのない青春《せいしゅん》の幸福と平和の調《しら》べを、奏《かな》でていただきたい。

私も妻《つま》と共に、若々しく、あまりにも美《うつく》しき心の女子部の成長と活躍《かつやく》を見つめながら、世界の広宣流布の新しき大前進の〝時〟を確実《かくじつ》に刻《きざ》み始めた。

＊

広宣《こうせん》の
　戦《いくさ》に姫《ひめ》と
　　舞《ま》いに舞い
華陽の歴史を
　創価城《そうかじょう》にとどめむ

「広宣流布は、女性で決まる」——これが、恩師《おんし》・戸田城聖《じょうせい》先生の大確信《だいかくしん》であった。

昭和二十七年（一九五二年）の秋、その師によって結成《けっせい》され、手づくりで育《はぐく》まれた女子部の人材育成《じんざいいくせい》グループこそ「華陽会《かようかい》」である。

蓮祖《れんそ》は、女性門下《もんか》の日眼女《にちげんにょ》への御手紙《おてがみ》の中で、こう仰《おお》せである。

「明《あきら》かなる事《こと》・日月《にちがつ》にすぎんや浄《きよ》き事・蓮華《れんげ》にまさるべきや、法華経《ほけきょう》は日月と蓮華となり故《ゆえ》に妙法蓮華経と名《なづ》く、日蓮又《また》日月と蓮華との如《ごと》くなり」（全一一〇九ジペー・新一五一〇ジペー）。妙法を受持《じゅじ》し、大聖人《だいしょうにん》の仰《おお》せのままに、広宣流布に生きゆく創価の乙女《おとめ》の命《いのち》それ自体《じたい》が、最《もっと》も明るい「太陽」であり、最も浄らかな「蓮華」である。すなわち「華陽」そのものの生命なのである。

仏勅《ぶつちょく》の
宝石《ほうせき》 煌《きらめ》く
華陽会
一人《ひとり》も残《のこ》らず
三世《さんぜ》に光《ひか》れや

昭和三十三年の四月、恩師《おんし》が逝去《せいきょ》された時、女子部は三十八の部であった。

それが、一カ月後の五月三日には、新任《しんにん》の女子部長の誕生《たんじょう》とともに、五十の部へと拡大《かくだい》していったのである。

この新・女子部長は、入会《にゅうかい》の時から、私の妻《つま》が励《はげ》まし続《つづ》けてきた親友《しんゆう》であり、同志《どうし》であった。その女性リーダーこそ、多田時子《ただときこ》さんであった。

亡《な》き恩師に代《か》わって、私が初《はじ》めて華陽会《かようかい》の会合《かいごう》に出席《しゅっせき》したのは、この年の十月に、箱根《はこね》の芦《あし》ノ湖畔《こはん》で行《おこな》われた指導会であったと思う。

当時、私は、事実上《じじつじょう》の学会の中心である、ただ一人《ひとり》の「総務《そうむ》」として、広宣流布の全責任《ぜんせきにん》を担《にな》っていた。

この時の参加者の半数《はんすう》以上が、新しく加《くわ》わったメンバーたちであった。女子部は、ぐんぐんと伸《の》びていった。

さらに二年後の昭和三十五年の五月三日、私が第三代会長に就任《しゅうにん》した時には、二倍を超《こ》える百八の部へと大発展《だいはってん》を遂《と》げたのである。

古代《こだい》ギリシャの詩人《しじん》ピンダロスは歌った。

「あの女性の勇気とすぐれた力《ちから》を嘆賞《たんしょう》せよ。いかに彼女は、恐《おそ》れを知らぬ頭《こうべ》を上げ戦っていることか！　乙女《おとめ》であるが労苦《ろうく》に負《ま》けぬ心を持っている」(2)

全同志《ぜんどうし》は、若き乙女たちの躍進《やくしん》に目を見張《みは》り、限《かぎ》りない希望を感じ取っていった。

＊

乙女らの
　心まぶしや
　　師弟不二《していふに》

新しい人材《じんざい》が台頭《たいとう》するところ、新しい時代は開かれる。若きリーダーを立派《りっぱ》に育《そだ》ててこそ、未来の勝利は決定《けってい》されるからだ。

〝近代看護《きんだいかんご》の母〟ナイチンゲールは教《おし》え子《ご》を励《はげ》ました。

「向上《こうじょう》を求《もと》めようともしない生き方を続《つづ》けているうちに、訓練期間《くんれんきかん》はたちまち逃《に》げ去《さ》ってしまうのです」(3)

世界的に有名な話である。

若き日に訓練《くんれん》を受けた人は、勝利の軌道《きどう》を進みゆける。

昭和三十五年の七月、千葉県の富津《ふっつ》で、華陽会《かようかい》の野外研修《やがいけんしゅう》が実施《じっし》された。参加メンバーも、ほぼ一新《いっしん》し、いわば〝第二期・華陽会〟の本格的《ほんかくてき》な出発《しゅっぱつ》となった。

私のもとでの、こうした華陽会の集《つど》いは、昭和四十三年まで続《つづ》いた。

私自身も、恩師《おんし》・戸田先生の膝下《しっか》で、十年余《よ》にわたり、万巻《ばんかん》の書物《しょもつ》にまさる大哲学《だいてつがく》と将軍学《しょうぐんがく》を授《さず》かった。

同じように、私は華陽会への十年間にわたる薫陶《くんとう》のなかで、広宣流布を担《にな》う人生の真髄《しんずい》を伝《つた》え抜《ぬ》いたのである。

その忘《わす》れ得《え》ぬ一つが、昭和四十一年七月、神奈川の箱根《はこね》で行《おこな》った、華陽会の研修会である。

席上《せきじょう》、私は皆に、太宰治《だざいおさむ》の不滅《ふめつ》の名作《めいさく》『走《はし》れメロス』の朗読《ろうどく》を聞かせた。華陽会のメンバーも、事前《じぜん》にこの小説《しょうせつ》を学《まな》んで集っていた。

なお、先日（二〇〇八年四月）、女性平和委員会の主催《しゅさい》で開かれた「平和の文化と子ども展《てん》」の豊島《としま》・文京展《ぶんきょう》には、光栄にも、文豪《ぶんごう》・太宰のご親族《しんぞく》の方も観賞《かんしょう》に訪《おとず》れてくださった。

ドイツの大詩人《だいしじん》シラーの詩などに基《もと》づいた『走《はし》れメロス』の物語《ものがたり》は、あまりにも有名である。

――人間不信《ふしん》のゆえ、次々と人を殺害《さつがい》する悪王《あくおう》がいた。牧人《ぼくじん》の青年メロスは義憤《ぎふん》に駆《か》られて立ち上がるが、無念《むねん》にも捕《と》らえられてしまう。死を覚悟《かくご》したメロスであったが、処刑《しょけい》される前に、妹《いもうと》を結婚《けっこん》させるために、いったん村へ帰る許《ゆる》しを請《こ》う。そして彼は、親友《しんゆう》セリヌンティウスを身代《みが》わりに立て、必《かなら》ず戻《もど》ると誓《ちか》って村へ向かった。

三日後の日没《にちぼつ》までに戻れば親友は救《すく》われ、メロスは死刑《しけい》となる。約束通《やくそくどお》り、メロスは帰ってくるのか。それとも自分が助《たす》かるために、親友を裏切《うらぎ》るのか……。

メロスは、自分を信《しん》じて待《ま》つ友のため、そして自《みずか》らの誓いを果《は》たすために走り出す。だが、妹の結婚式を終えて戻るメロスの前には、激《はげ》しき濁流《だくりゅう》が立ちはだかった。山賊《さんぞく》の襲撃《しゅうげき》もあった。日没が迫《せま》るなか、疲労《ひろう》と諦《あきら》めの誘惑《ゆうわく》がメロスの心を動揺《どうよう》させる。

しかし、彼は弱き心の囁《ささや》きに打ち勝つ。「私を、待っている人があるのだ」「私は、信頼《しんらい》に報《むく》いなければならぬ」「走れ！　メロス」(4)と。

誓いを守《まも》り抜《ぬ》き、遂《つい》に友のもとへ帰ってきたメロスは、人間の信義《しんぎ》が虚妄《こもう》でないことを実証《じっしょう》し、悪王《あくおう》の不信《ふしん》の心をも解《と》き放《はな》った――。

朗読《ろうどく》が始まる前に、万感《ばんかん》の思いで私は語《かた》った。

「華陽会《かようかい》を記念《きねん》して、この物語《ものがたり》を皆さんに贈《おく》りたい。

これは私の過去でもあるし、これからでもあり、私の決意《けつい》でもある。

皆さん方も、何も恐《おそ》れず、自分の戦いをやり通《とお》していただきたい！」

思えば、戸田先生の事業《じぎょう》が窮地《きゅうち》に陥《おちい》り、学会存亡《そんぼう》の危機《きき》にあった時も、私は師《し》を守ってメロスの如《ごと》く走《はし》り抜《ぬ》いた。

あの大阪の戦いの時も、まさしくメロスに私自身の姿《すがた》を重《かさ》ね合わせながら、一心不乱《いっしんふらん》に戦い勝《か》った。

恩師《おんし》が逝去《せいきょ》なされた後《あと》も、一切《いっさい》の激《はげ》しき嵐《あらし》を乗《の》り越《こ》えて、創価学会の正義と勝利を満天下《まんてんか》に打ち立てんと、私は走りに走った。

師弟《してい》の誓《ちか》いを果《は》たすために、ただただメロスの如く！

「微笑《びしょう》もて正義を為《な》せ！」(5)とは、太宰治《だざいおさむ》の渾身《こんしん》の叫《さけ》びである。

＊

愚《おろ》かなる
また哀《あわ》れなる
敗北者《はいぼくしゃ》
乗《の》り越《こ》え 勝ち越え
華陽《かよう》の宝山《やま》へと

大恩《だいおん》ある師匠《ししょう》を裏切《うらぎ》り、同志《どうし》を苦《くる》しめ、学会に仇《あだ》をなしていった連中《れんちゅう》も、私たちはたくさん見てきた。途中《とちゅう》で早くも敗北していった人びとの、あまりにも不幸極《ふこうきわ》まる地獄《ごく》の醜態《しゅうたい》は、皆様方もご存《ぞん》じの通《とお》りだ。どんなに自己正当化《じこせいとうか》の詭弁《きべん》を弄《ろう》そうとも、その胸中《きょうちゅう》は、自分で自分を裏切った敗北である。

モンゴルの若き指導者エンフバヤル大統領《だいとうりょう》と語《かた》り合《あ》った忘《わす》れ得《え》ぬ言葉《ことば》がある。それは、詩歌《しいか》の国モンゴルに伝《つた》わる歌謡《かよう》の一節《いっせつ》である。

「地獄、地獄というが、地獄はどこから来るのかね?
たてた誓《ちか》いを破《やぶ》ったら 地獄とはそれにちがいない」(6)

人生の途上《とじょう》には、さまざまな苦難《くなん》がある。思いもよらぬ宿命《しゅくめい》の嵐《あらし》もある。

経文《きょうもん》に照《て》らし、御書に照らし、法華経《ほけきょう》の行者《ぎょうじゃ》である学会を狙《ねら》って、三類《さんるい》の強敵《ごうてき》が陰《いん》険《けん》な攻撃《こうげき》を企《くわだ》ててくることは明確《めいかく》である。嫉妬《しっと》と忘恩《ぼうおん》の反逆者《はんぎゃくしゃ》の陰謀《いんぼう》があることも、これまた当然《とうぜん》である。

その時こそが、大聖人《だいしょうにん》が仰《おお》せの「まことの時」（全一二三四ページ・新一一一七ページ）である。この時に、「ちかいし願《ねがい》やぶるべからず」（全一二三二ページ・新一一一四ページ）との御聖訓《ごせいくん》を拝《はい》して、師弟《してい》の誓《ちか》いを貫《つらぬ》き通《とお》せるか、どうか。ここにこそ、「一生成仏《いっしょうじょうぶつ》」を決《けつ》し、三世《さんぜ》永《えい》遠《えん》の幸福境涯《きょうがい》を勝ち取りゆく要諦《ようてい》がある。

「中途《ちゅうと》で倒《たお》れるのは、はじめから何もしないのと同じ事《こと》だ」（4）とは、『走《はし》れメロス』の厳《きび》しき一節《いっせつ》である。

私は、祈《いの》る思いで、華陽会《かようかい》に指針《ししん》を贈《おく》った。

〝メロスの如《ごと》く、友を疑《うたが》わず、学会を疑わず、根本《こんぽん》は御本尊を疑わず、走れ華陽会！走れ女子部！〟――と。

誓いに生《い》き抜《ぬ》き、報恩《ほうおん》の誠《まこと》を尽《つ》くしゆく人生は美《うつく》しい。その歩《あゆ》みの一歩一歩が、勝利と幸福の軌跡《きせき》である。晴《は》れ晴《ば》れと勝ちゆく勝利の人生の姿《すがた》が、そこにあるのだ。

今も華陽会出身《しゅっしん》の方々《かたがた》は、女子部時代の誓いのままに師弟の道を走り抜き、婦人部として、若々しい生命で広布の第一線《だいいっせん》を駆《か》けておられる。

だからこそ、私は女子部の友を信頼《しんらい》している。

誓《ちか》いに生きゆく女子部がいれば、学会は永遠《えいえん》に発展《はってん》していく。そして婦女一体《ふじょいったい》の、創価の女性の連帯《れんたい》こそが、無限《むげん》の希望を約束《やくそく》するのだ。

若い女性は、父を励《はげ》まし、母を守り、一家に光《ひかり》を送《おく》る。やがて正義の力《ちから》ある夫《おっと》を創《つく》り上《あ》げ、偉大《いだい》な母となり、使命《しめい》の後継者《こうけいしゃ》を育《そだ》て上げる。また、それぞれの道で、学会っ子らしく信頼を広げ、栄光と福徳《ふくとく》の人生を飾《かざ》っていく。

一切《いっさい》の原動力《げんどうりょく》は女子部であることを、完璧《かんぺき》に知っておかねばならない。

*

辛《つら》くとも

広布の乙女《おとめ》

金《きん》の道

それは、二十世紀の開幕《かいまく》から間《ま》もない一九〇三年の四月のことであった。

ドイツの女性作家《さっか》マルビーダ・フォン・マイゼンブークは、この新世紀の主役《しゅやく》となりゆく若き世代《せだい》に向かって、遺言《ゆいごん》のように語《かた》りかけた。

「お前たちはまだこれから地上《ちじょう》の仕事をしなければならない！　まだたくさん戦い抜《ぬ》かねばならない。戦わないでは生きられない――戦わないでは、そして愛さないでは生きられない」[7]

そうだ。信念《しんねん》の戦いを貫《つらぬ》き、民衆《みんしゅう》を慈《いつく》しみ、友を愛して、平和と友情《ゆうじょう》のスクラムを広げゆくのだ。御聖訓《ごせいくん》には、「桜梅桃李《おうばいとうり》の己己《ここ》の当体《とうたい》を改《あらた》めず」（全七八四ページ・新一〇九〇ページ）と仰《おお》せである。

「自体顕照《じたいけんしょう》」こそが日蓮仏法《ぶっぽう》の極意《ごくい》だ。何かを飾《かざ》り、繕《つくろ》うことはない。焦《あせ》ったり迷《まよ》う必要《ひつよう》もない。創価の師弟《してい》の道こそ、最高に自分を自分らしく光《ひか》り輝《かがや》かせ切っていく勝利と幸福の大道《だいどう》なのである。目先《めさき》の小さなことに紛動《ふんどう》されずに、互《たが》いに尊敬《そんけい》し合い、互いに励《はげ》まし合いながら、明るく伸《の》び伸びと前進していく連帯《れんたい》が大事《だいじ》だ。

「優《やさ》しさが人の心を暖《あたた》かくし、勇気が人の心を元気づける」[8]

これも、女性の詩人《しじん》エミリー・ブロンテの一節《いっせつ》である。

世界一
乙女《おとめ》のスクラム
朗《ほが》らかに
心の嘆《なげ》きの
友らと握手《あくしゅ》を

＊

戸田先生に、入会まもない女子部員が率直《そっちょく》に質問《しつもん》をしたことがある。

「先生！　『南無妙法蓮華経』の意味について教《おし》えてください」

戸田先生は、その乙女の求道《きゅうどう》の質問を大変に喜《よろこ》ばれて、答《こた》えてくださった。

「南無妙法蓮華経とは、つきつめれば、大聖人《だいしょうにん》の御命《おいのち》と断《だん》じて、さしつかえない。

大聖人の御生命《ごせいめい》が南無妙法蓮華経ですから、弟子《でし》たる私たちの生命も同じく南無妙法蓮華経なのです。

日女御前《にちにょごぜん》への御書に『此《こ》の御本尊全《まった》く余所《よそ》に求《もと》むる事《こと》なかれ・只我《ただわ》れ等衆生《らしゅじょう》の法華経《ほけきょう》

を持《たも》ちて南無妙法蓮華経と唱《とな》うる胸中《きょうちゅう》の肉団《にくだん》におはしますなり』（全一二四四ジペー・新二〇八八ジペー）と仰《おお》せの通《とお》りなのです」

創価の乙女《おとめ》は、一人《ひとり》ももれなく、尊極《そんごく》の妙法蓮華経の当体《とうたい》である。ゆえに、不幸《ふこう》になどなるわけがない。いかなる試練《しれん》があっても、必《かなら》ず打開《だかい》できる。

この希望と幸福の生命の大哲学《だいてつがく》を、時代は渇仰《かつごう》している。今こそ、一人でも多くの友に、真心込《まごころこ》めて語《かた》りゆくことだ。

潑剌《はつらつ》と
　若き乙女の
　　活躍《かつやく》に
大聖人《だいしょうにん》は
　包《つつ》み護《まも》らむ

十八世紀フランスの女性解放《かいほう》の先駆者《せんくしゃ》オランプ・ドゥ・グージュは語った。

「女性の精神《せいしん》を高揚《こうよう》させるために人びとが何《なん》の措置《そち》もとらず、女性自身も、みずから社会に貢献《こうけん》してより有益《ゆうえき》でより重要《じゅうよう》な存在《そんざい》になるために努力《どりょく》せず、男性たちも真剣《しんけん》に女性の真《しん》の栄誉《えいよ》のためにとりくむ度量《どりょう》をもてないならば、国家《こっか》に繁栄《はんえい》などありえない」(9)

まったく、その通《とお》りである。

一家であれ、一国であれ、若き乙女《おとめ》たちが生き生きと前進しているところにこそ、平和と繁栄の希望が生まれる。

南アフリカの著名《ちょめい》な平和活動家であるエラ・ガンジーさんは、マハトマ・ガンジーの直系《ちょっけい》の令孫《れいそん》であられる。彼女は、ドイツのベルリンで「ガンジー・キング・イケダ展《てん》」を観賞《かんしょう》された折《おり》、語《かた》ってくださった。

「平和を望《のぞ》む師匠《ししょう》の弟子《でし》が多いほど、平和を望む人の輪《わ》が広がります」

「創価の師匠のメッセージを実践《じっせん》すれば、世界を変えられるのです」と。

世界の良識《りょうしき》から寄《よ》せられる温《あたた》かな信頼《しんらい》と期待《きたい》に、感謝《かんしゃ》は尽《つ》きない。

*

「女子《おなご》は門《もん》をひらく《開》」(全一五六六ジペー・新一九〇二ジペー)

蓮祖《れんそ》が残《のこ》してくださった、誠《まこと》に重大《じゅうだい》な御文《ごもん》である。

めざすは、西暦《せいれき》二〇三〇年である。わが「池田華陽会《かようかい》」の、晴《は》れ晴《ば》れと使命《しめい》に生《い》き抜《ぬ》く、そして未来に生き抜く乙女《おとめ》たちは、学会創立《そうりつ》百周年《しゅうねん》に、「広布第二幕　池田華陽会総会」を盛大《せいだい》に開催《かいさい》するとうかがっている。

皆が輝《かがや》け、池田華陽会！　勝ち進め、池田華陽会！

池田華陽会の勝利が、創価の師弟《してい》の永遠《えいえん》勝利の門《もん》を誇《ほこ》りも高く開くのだ。

尊《とうと》くも
　使命を知りたる
　　乙女らが
　勝ちに勝ちたり
　　広布を開きて

(1)「エミリ・ブロンテ」川股陽太郎訳、『ブロンテ全集10　詩集2』所収、みすず書房
(2)『祝勝歌集／断片選』内田次信訳、京都大学学術出版会
(3)湯槇ます監修『ナイチンゲール著作集　3』編訳者代表・薄井坦子、現代社
(4)「走れメロス」、『走れメロス・正義と微笑』所収、潮出版社
(5)「正義と微笑」、『走れメロス・正義と微笑』所収、潮出版社
(6)A・モスタールト著『オルドス口碑集』磯野富士子訳、平凡社
(7)シュライヘア著『マルヴィーダ・フォン・マイゼンブーク』片山敏彦訳、みすず書房
(8)『エミリ・ブロンテ全詩集』藤木直子訳、大阪教育図書
(9)オリヴィエ・ブラン著『女の人権宣言』辻村みよ子訳、岩波書店

華陽《かよう》の誓《ちか》い

創価の姉妹《しまい》よ　使命の華《はな》と舞《ま》え！

二〇〇九年六月三日

華陽会

広布の女子部の
先駆《せんく》たれ
価値《かち》ある青春《せいしゅん》
三世《さんぜ》の功徳《くどく》と

今日も、日本列島《れっとう》の各地から、そして世界の各国・地域《ちいき》から、女子部の池田華陽会の溌剌《はつらつ》たる前進の便《たよ》りが届《とど》く。二十一世紀の創価の栄光の凱旋門《がいせんもん》が、晴《は》れ晴《ば》れと開かれていく思いだ。私も妻《つま》も、本当に嬉《うれ》しい。

北米《ほくべい》のアメリカ、カナダ、中米《ちゆうべい》のメキシコ、パナマ、南米《なんべい》のブラジル、アルゼンチン、ペルー、チリ……。

オセアニアのオーストラリア、ニュージーランドやミクロネシア……。

欧州《おうしゆう》のフランス、イタリア、イギリス、ドイツ、オランダ、さらにバルカン半島《はんとう》のスロベニア……。

韓国《かんこく》や香港《ホンコン》、台湾《たいわん》、フィリピン、インド、マレーシア、シンガポール、タイ、インドネシア、カンボジア……。

そしてアフリカのコートジボワール、カメルーン、ザンビア……いずこの地でも、生き生きと妙法の乙女《おとめ》たちは躍動《やくどう》している。

少人数《しようにんずう》で出発《しゆつぱつ》した国もある。しかし「私たちの手で、平和と幸福を建設《けんせつ》しよう!」と、凜然《りんぜん》と立ち上がった華陽会《かようかい》の心は、あまりにも崇高《すうこう》である。

つい先日も、アメリカから嬉しい連絡《れんらく》があった。

全米《ぜんべい》のバネッサ・ショー女子部長が、有名なラジオ番組《ばんぐみ》に登場《とうじよう》して、「青春《せいしゆん》と信仰《しんこう》」をめぐって、インタビューを受けたのである。

彼女は、仏法《ぶっぽう》の哲理《てつり》と師弟《してい》を力《ちから》に、ハリウッド女優《じょゆう》としても活躍《かつやく》する充実《じゅうじつ》の日々を清々《すがすが》しく語《かた》った。多くの方々《かたがた》から「勇気をもらった」「素晴《すば》らしかった」等々と、反響《はんきょう》が届《とど》いたようだ。

日蓮大聖人は、「日輪《にちりん》・東方《とうほう》の空に出《い》でさせ給《たま》へば南浮《なんぶ》の空・皆明《みなあきら》かなり」（全八八三ジペー・新一一八六ジペー）と仰《おお》せであられる。

凜々《りり》しき華陽《かよう》の友の心には、社会を照《て》らし、一国をも照らしゆく太陽が昇《のぼ》っているのだ。第二期の結成式《けっせいしき》も行《おこな》われ、フレッシュな同志《どうし》の歌声が響《ひび》いている。

*

美《うつく》しく
　また強くあれ
　　わが女子部
万世《ばんせ》の福運《ふくうん》
　積《つ》みゆく今日かな

今、日本中、そして世界でも歌われている池田華陽会歌《かようかいか》「華陽の誓《ちか》い」――私が、この歌《うた》の原案《げんあん》を最初に聴《き》いたのは、今年（二〇〇九年）の二月十八日であった。

いい歌だ。よく頑張《がんば》ったと思った。だが、華陽会の友なら、もっともっと良いものができる。もう一歩、壁《かべ》を破《やぶ》れば、不朽《ふきゅう》の歌になると直感《ちょっかん》した。

私が薫陶《くんとう》してきた、若きリーダーたちの力《ちから》を信《しん》じていたからだ。

私は、ちょうどその日に行《おこな》われた婦人部・女子部との最高協議会《きょうぎかい》で、そうした心情《しんじょう》を伝《つた》えた。

わが華陽の乙女《おとめ》たちは、瞳《ひとみ》を輝《かがや》かせ、心を一つに、再《ふたた》び挑戦《ちょうせん》を開始《かいし》した。

真剣《しんけん》に祈《いの》り、燃《も》え立《た》つ生命で、もう一重《いちじゅう》、深き誓いを歌詞《かし》に込《こ》めたのである。

――師《し》は弟子《でし》を信ずる。信ずるゆえに甘《あま》やかさぬ。信ずるゆえに訓練《くんれん》もする。信ずるゆえに厳《きび》しいのだ。

その師の心に真《ま》っ直《す》ぐに応《こた》えていく時、無量《むりょう》の力が発揮《はっき》される。これが師弟《してい》の呼吸《こきゅう》だ。勝利の共鳴《きょうめい》だ。

生まれ変わった歌を聴いたのは、二日後だった。曲《きょく》のイメージも「歓喜《かんき》」が前面《ぜんめん》に出て、一新《いっしん》された。

〽今　師《し》とともに
　正義の心で
世界の女性《とも》に
　平和の世紀を
華陽《かよう》の姉妹《しまい》と
　スクラム楽しく
「使命《しめい》の華《はな》と舞《ま》え！
　池田華陽会」
報恩《ほうおん》の「華陽の誓《ちか》い」
　喜《よろこ》び果《は》たさむ
　　　　（三番）

「御義口伝《おんぎくでん》」には――
「始《はじ》めて我心《わがこころ》本来《ほんらい》の仏《ほとけ》なりと知るを即《すなわ》ち大歓喜《だいかんぎ》と名《なづ》く所謂《いわゆる》南無妙法蓮華経は歓喜の中の大歓喜なり」（全七八八ジペー・新一〇九七ジペー）

さらに「自他共《じたとも》に智慧《ちえ》と慈悲《じひ》と有《あ》るを喜《き》とは云《い》うなり」（全七六一㌻・新一〇六一㌻）と仰《おお》せだ。仏法上《ぶっぽうじょう》の「歓喜《かんき》」とは、単《たん》なる「喜《よろこ》び」ではない。「本来《ほんらい》の仏《ほとけ》」である自身の尊極《そんごく》の使命《しめい》を知ることだ。全民衆《ぜんみんしゅう》を救《すく》う妙法に巡《めぐ》り合《あ》えた喜びに燃《も》え、友と友が勇《いさ》んで立ち上がることだ。

その使命に生《い》き抜《ぬ》く歓喜と、誇《ほこ》り高き心の結合《けつごう》が、美事《みごと》に歌い上げられていた。

何があっても負《ま》けない！

さあ、新《あら》たな決意《けつい》で出発《しゅっぱつ》しよう！

この瑞々《みずみず》しい息吹《いぶき》が伝《つた》わってきた。

私は嬉《うれ》しかった。

「すごくいい。盤石《ばんじゃく》だ！」

妻《つま》も微笑《ほほえ》んで言った。

「明るくて、さわやかで、覚《おぼ》えやすくて、とてもいいですね！」

池田華陽会《かようかい》の歌は、英語版《ばん》も、さらに中国語（北京《ペキン》語）版も完成《かんせい》して、希望の音律《おんりつ》を広げている。

忍耐《にんたい》と
　信心の二字
　　忘《わす》れずに
幸福　勝ちとれ
　　宝《たから》の山へと

＊

戸田先生は、時代の流転《るてん》に翻弄《ほんろう》され、宿命《しゅくめい》の悲哀《ひあい》に泣いてきた女性史の転換《てんかん》を、常々《つねづね》、訴《うった》えておられた。

そして、女子部の友に、慈父《じふ》の如《ごと》く言われた。

「私は、皆が絶対《ぜったい》に幸《しあわ》せになってもらいたい。五年、十年たったあと、『先生、私はこんなに幸せになりました』と、報告《ほうこく》に来てほしいのです」

私も妻《つま》も、まったく同じ気持ちである。

いな、すべての女子部員が、一人《ひとり》も残《のこ》らず幸福をつかむ。それが、私たち夫婦《ふうふ》の誓《せい》願《がん》であり、決心《けっしん》である。

ともに「女子部の幸福」は、創価家族の先輩《せんぱい》として、全《ぜん》リーダーの祈《いの》りであらねばならない。皆で、女子部を大切《たいせつ》にし、励《はげ》まし、支《ささ》え、応援《おうえん》していくことだ。

かつて、草創《そうそう》の女子部の一員として戸田先生の指導を受け、婦人部へ進出《しんしゅつ》しながら、団結《だんけつ》を乱《みだ》し、後輩《こうはい》に意地悪《いじわる》を重《かさ》ねる幹部がいた。

戸田先生の逝去《せいきょ》から一年、後輩たちが新出発《しんしゅっぱつ》への誓《ちか》いを込《こ》めて一生懸命《いっしょうけんめい》に女子部歌を作成《さくせい》した。

ところが、その幹部は、こともあろうに、「これは正式《せいしき》な女子部歌ではない」と冷《れい》酷《こく》に言《い》い放《はな》った。以前《いぜん》、自分たちの時代に作った歌だけが今でも女子部歌だというのであった。

戸田先生が生前《せいぜん》、鋭《するど》く、厳《きび》しく見抜《みぬ》かれていた通《とお》り、のちに、忘恩《ぼうおん》の夫《おっと》と、怨嫉《おんしつ》に狂《くる》って、尊《とうと》き和合《わごう》を攪乱《かくらん》し、弓《ゆみ》を引き、転落《てんらく》していった。

御書には「前車《ぜんしゃ》のくつがへ《覆》すは後車《こうしゃ》のいまし《誡》めぞかし」（御書一〇八三ページ）と留《とど》められている。

喜《よろこ》ばしいことに、今、わが婦人部と女子部は、最高に麗《うるわ》しい「婦《ふ》女一体《じょいったい》」の姉妹《しまい》のスクラムで大行進《だいこうしん》している。

杉本婦人部長や川原《かわはら》書記長たちも、女子部時代から、人材育成《じんざいいくせい》グループの「青春会《せいしゅんかい》」として走《はし》り続《つづ》けてきた。

多くの先輩《せんぱい》から温《あたた》かな励《はげ》ましを受けたように、自分たちも女子部の成長へ励ましを惜《お》しまぬ婦人部でありたいと語《かた》ってくれている。

＊

華《はな》のよう
朝日《あさひ》のようにと
華陽会《かようかい》
恩師《おんし》も見つめむ
深き誓《ちか》いを

今の池田華陽会の前身《ぜんしん》に当《あ》たる華陽会は、昭和二十七年（一九五二年）の秋に発足《ほっそく》し、恩師・戸田先生が手塩《てしお》にかけて育《そだ》ててくださった。

すでに婦人部になっていた私の妻《つま》も、戸田先生から直々《じきじき》にお話があり、この名誉《めいよ》ある華陽会《かようかい》に名《な》を連《つら》ねさせていただいた。

もともと妻は、昭和二十六年の七月十九日の女子部結成式《けっせいしき》に参加した、七十四人の中の一人《ひとり》である。

蒲田支部《かまたしぶ》の二月闘争《とうそう》（昭和二十七年）でも、妻は女子部の班長《はんちょう》として奔走《ほんそう》した。今でいえば、地区リーダー、また部長であろうか。

銀行《ぎんこう》に勤《つと》め、職場《しょくば》で実証《じっしょう》を示《しめ》しながら、来る日も来る日も、草創《そうそう》の女子部の建設《けんせつ》に奮闘《ふんとう》していた。結成の年《とし》の師走《しわす》には、戸田先生が出席《しゅっせき》された女子部の会合《かいごう》で、妻は御書を拝《はい》して研究発表《けんきゅうはっぴょう》をした。テーマは「職場と信心」である。

「や《箭》のはしる事《こと》は弓《ゆみ》のちから・くものゆくことはりう《竜》のちから、をとこ《夫》のしわざはめ《婦》のちからなり、いまときどの《富木殿》のこれへ御《おん》わたりある事尼《あま》ごぜんの御力《おんちから》なり、けぶり《煙》をみれば火をみるあめをみればりう《竜》をみる、をとこ《夫》をみればめ《婦》をみる」（全九七五ページ・新一三二六ページ）

家庭《かてい》や社会、地域《ちいき》にあって、女性がいかに重要《じゅうよう》であるかを示した御文《ごもん》である。

この「富木《とき》尼御前《あまごぜん》御返事《ごへんじ》」の有名な一節《いっせつ》を拝《はい》して、妻は語《かた》っていった。

「広宣流布に邁進《まいしん》する創価学会の原動力《げんどうりょく》は、じつに私たち女性であり、大事《だいじ》な存在《そんざい》であることを自覚《じかく》せよとの御言葉《おことば》であると拝《はい》され、私たち女性の立場《たちば》のいかに重要《じゅうよう》であるかを痛感《つうかん》いたすのであります」

続《つづ》いて、戸田先生の「家庭《かてい》の仕事を放《ほう》り投《な》げ、職場《しょくば》をおろそかにして、仏法《ぶっぽう》は受持《じゅじ》できない」とのご指導を通《とお》して呼《よ》びかけた。

「各人《かくじん》の持《も》ち場《ば》においてなすべきことを完全《かんぜん》に果《は》たし、他の人から尊敬《そんけい》され、職場における重要な人となることであります」

そして、広宣流布という大局《たいきょく》を忘《わす》れて、価値判断《かちはんだん》を誤《あやま》らないように、「あくまで御本尊を中心とした行動《こうどう》でなければなりません。そして戸田先生を真《しん》にお慕《した》いし信《しん》じることであります」と訴《うった》えたのであった。

恩師《おんし》も、笑《え》みを湛《たた》えて拍手《はくしゅ》を送《おく》っておられた。

師弟《してい》こそ、人間の究極《きゅうきょく》の道であり、人生勝利の正道《せいどう》である。女子部の先陣《せんじん》である妻《つま》は、報恩《ほうおん》の「華陽《かよう》の誓《ちか》い」を喜《よろこ》び果たしてきた。

＊

全宇宙
貴女《あなた》を包《つつ》まむ
　妙法の
功徳《くどく》は確《たし》かと
　愉快《ゆかい》に生《い》き抜《ぬ》け

今年（二〇〇九年）は、国連《こくれん》が定《さだ》めた、「世界天文年《せかいてんもんねん》」である。

イタリアの大科学者《だいかがくしゃ》ガリレオ・ガリレイが、望遠鏡《ぼうえんきょう》を用《もち》いて、初《はじ》めての天体観測《てんたいかんそく》を行《おこな》ってより、満《まん》四百年を記念《きねん》するものだ。

このガリレオが、先駆《せんく》の業績《ぎょうせき》のゆえに、嫉妬《しっと》の攻撃《こうげき》を受け、不当《ふとう》な裁判《さいばん》の迫害《はくがい》を受けたことは、あまりにも有名である。この苦境《くきょう》の大科学者を支《ささ》えるため、誰《だれ》よりも祈《いの》り、誰よりも心をくだいたのは、最愛《さいあい》の娘《むすめ》マリア・チェレステであった。

「一人《ひとり》の敬虔《けいけん》な娘の祈りは偉《えら》い人たちの保護《ほご》にも優《まさ》る」(1)――これが彼女の自負《じふ》だったのである。

愛娘《まなむすめ》はローマの地で戦う父へ、フィレンツェ郊外《こうがい》から励《はげ》ましの手紙を送《おく》った。

「私が今《いま》手紙を書く気になったのは、私がこの責《せ》め苦《く》を共にしていることをお伝《つた》えすることで、父上《ちちうえ》がそれに耐《た》えることが容易《ようい》になると考《かん》えたからです」(1)

それは、苦難《くなん》の渦中《かちゅう》にある父ガリレオの心を、黄金《おうごん》の光線《こうせん》の如《ごと》く、照《て》らしたに違《ちが》いない――。

「父上の信仰《しんこう》、仕事、年齢《ねんれい》に伴《ともな》う精神《せいしん》の強靭《きょうじん》さをもって、これらの打撃《だげき》に耐え抜《ぬ》くのです。そして父上は極《きわ》めて広い経験《けいけん》によって、この悲惨《ひさん》な世界のあらゆることの偽《いつわ》りと移《うつ》ろいやすさを熟知《じゅくち》しておられますので、このような激動《げきどう》をあまり気にとめることなく、それらはすぐに鎮静《ちんせい》するものであり、困難《こんなん》と見えたものは等量《とうりょう》の満足《まんぞく》に変わってしまうのだという希望をお持ちになってください」(1)

正義のゆえに、難《なん》を受け、悪口罵詈《あっくめり》され、苦労《くろう》する。しかし、断《だん》じて屈《くっ》しない。これが至高《しこう》の人生の劇《げき》だ。

三十年前(一九七九年)、私の会長辞任《じにん》の嵐《あらし》の中で、幾多《いくた》の女子部の友が、紅涙《こうるい》を滴《したた》らせながら、断固《だんこ》たる師弟共戦《していきょうせん》の決意《けつい》の手紙を送《おく》ってくれた。この父娘《ちちこ》の絆《きずな》の一通《いっつう》一通を、私と妻《つま》は創価の誉《ほま》れの宝《たから》として保管《ほかん》している。

晴《は》ればれと
若さの限《かぎ》り
生《い》き抜《ぬ》かむ
悩《なや》みを乗《の》り越《こ》え
勝利の王女《おうじょ》と

＊

戸田先生のもとで、華陽会《かようかい》が学《まな》んだ一書《いっしょ》に、『若草物語《わかくさものがたり》』がある。その著者《ちょしゃ》であるルイザ・オルコットは、日記《にっき》に記《しる》した。

「失望《しつぼう》が重《かさ》なり、たえず『運命《うんめい》』に叩《たた》かれることは、リンゴなら完熟《かんじゅく》するための成《せい》熟過程《じゅくかてい》になる」（2）

青春《せいしゅん》は、悩みの連続《れんぞく》だ。社会も揺《ゆ》れ動《うご》いている。仕事で壁《かべ》にぶつかることもあろう。時には体調《たいちょう》を崩《くず》すことだってある。人間関係も難《むずか》しい。人が羨《うらや》ましく見えることもある。悔《くや》し涙《なみだ》をこらえる日もあろう……。

しかし、「御義口伝《おんぎくでん》」には、「煩悩《ぼんのう》の薪《たきぎ》を焼《や》いて菩提《ぼだい》の慧火《えか》現前《げんぜん》するなり」（全七一〇ページ・新九八七ページ）と仰《おお》せの如《ごと》く、「煩悩即《そく》菩提」が日蓮仏法《ぶっぽう》の真髄《しんずい》である。煩悩（悩《なや》み）がなければ菩提（悟《さと》り）の智慧《ちえ》もない。成長もない。成仏《じょうぶつ》もない。この究極《きゅうきょく》の希望の哲学《てつがく》を持った女性は、思うようにいかない日も、明るく朗《ほが》らかに胸《むね》を張《は》って進むのだ。

御聖訓《ごせいくん》には、「苦《く》をば苦とさとり楽《らく》をば楽とひらき苦楽ともに思い合《あわ》せて南無妙法蓮華経とうちとなへ《唱》ゐ《居》させ給《たま》へ」（全一一四三ページ・新一五五四ページ）と記《しる》されている。

苦《くる》しい時は苦しいまま、題目を唱《とな》えていけばいい。必《かなら》ず道は開かれる。信心で突破《とっぱ》できない行《ゆ》き詰《づ》まりなど、絶対《ぜったい》にないのだ。

自分だけの小さな悩みに振《ふ》り回《まわ》されて、わびしく過《す》ぎ去《さ》ってしまう青春《せいしゅん》も多い。

しかし、広宣流布という大願《だいがん》に走《はし》りゆく青春は、大きく悩んだ分《ぶん》だけ、大きく境涯《きょうがい》を開き、大きく福運《ふくうん》を積《つ》める。

苦労《くろう》して築《きず》き上《あ》げた汝《なんじ》自身の生命は、何ものにも壊《こわ》されないのだ。

「地道《じみち》の生活に
　信心の大功徳《だいくどく》は
　　薫《かお》るなり」

もう四半世紀前《しはんせいきまえ》になるだろうか。東京・目黒区の草《くさ》の根学習会《ねがくしゆうかい》のメンバーに贈《おく》った揮毫《きごう》である。二十年前には、世田谷区《せたがやく》の女子部に書《か》き綴《つづ》った。

「信心を貫《つらぬ》いた人は
　必《かなら》ず幸福者に。
此《こ》れが法華経《ほけきよう》であり
　仏法《ぶつぽう》である」

目黒区も、世田谷区も、当時の女子部が立派《りつぱ》な婦人部となって、幸福勝利の実証《じつしよう》を報告《ほうこく》してくれている。時を逃《のが》さず、真剣《しんけん》に手を打つことが、未来の華《はな》を咲《さ》かせるのだ。

＊

朗《ほが》らかに
　広布の太陽
　　勝ちまくれ
仏天《ぶつてん》　護《まも》らむ
　貴女《あなた》を見つめて

カナダの女性作家《さっか》モンゴメリーが描《えが》いた「赤毛のアン」も行動《こうどう》の青春《せいしゅん》を生きた。(3)

アンをはじめアボンリー村に暮《く》らす青年たちは、地域《ちいき》をよくしようと、村の改善協会《かいぜんきょうかい》を立ち上げる。

初仕事は、村の公会堂《こうかいどう》の塗《ぬ》り替《か》え計画《けいかく》で、村人《むらびと》の協力《きょうりょく》を求《もと》めて、各家庭《かくかてい》を訪《たず》ねることになった。

まず、アンと親友《しんゆう》のダイアナが向かったのは、村でも名《な》うての「変わり者」たちが住《す》む通《とお》りだった。

ダイアナが「村じゅうで最悪《さいあく》の道よ」とこぼすと、アンは快活《かいかつ》に言い切った。「だからえらんだのよ」。

苦手《にがて》に挑《いど》んでこそ、新しい勝利が開かれるのだ。

アンとダイアナは、一人《ひとり》また一人と、対話《たいわ》を重《かさ》ねた。確《たし》かに、聞く耳をもたず、冷《つめ》たい言葉《ことば》を浴《あ》びせる人もいた。居留守《いるす》を使《つか》って、顔も出さぬ人もいた。

だが、思いがけず、気持ちよく、温《あたた》かく応《こた》えてくれる人もいた。人は話してみなければわからない。

アンの機転《きてん》で、子どもが生まれて大喜《おおよろこ》びの家を訪《たず》ねると、気難《きむずか》しい主人《しゅじん》が、進んで協力《きょうりょく》を申《もう》し出《で》てくれた。

噂《うわさ》や先入観《せんにゅうかん》にとらわれて、相手《あいて》を決めつけてしまうことは愚《おろ》かである。もちろん濁世《じょくせ》であるゆえに、悪人《あくにん》は鋭《するど》く見破《みやぶ》り、断《だん》じて近づけてはならない。

夜も帰宅《きたく》が決《けつ》して遅《おそ》くならぬよう、注意《ちゅうい》し合っていくことだ。聡明《そうめい》に、決して父母《ちちはは》に心配《しんぱい》をかけず、健康で、絶対《ぜったい》に無事故《むじこ》の日々であっていただきたい。

ともあれ、嫌《いや》なことも嬉《うれ》しいことも、すべて、たくましく前進の力《ちから》としながら、青春《せいしゅん》の道を笑顔《えがお》で歩《あゆ》み抜《ぬ》くことだ。語《かた》り通《とお》すことだ。

善《ぜん》の拡大《かくだい》のために、勇気をもって動けば、必《かなら》ず変化《へんか》の風が起《お》きる。誠実《せいじつ》に語れば、必ず理解《りかい》の輪《わ》が広がり、味方《みかた》を拡大していける。

そして、祈《いの》りに祈っての行動《こうどう》を、必ず諸天善神《しょてんぜんじん》が護《まも》る。不退《ふたい》の人は必ず勝つ。

今、毎日毎日、世界一の不滅《ふめつ》の青春の物語《ものがたり》を生み出しているのが、わが池田華陽会《かようかい》の乙女《おとめ》たちである。

＊

華陽《かよう》の青春勝利《せいしゅんしょうり》のスクラムは、社会の暗雲《あんうん》を破《やぶ》り、乱《みだ》れゆく世紀に希望の光《ひかり》を贈《おく》り始めた。東京・八王子市の牧口記念庭園《まきぐちきねんていえん》に植樹《しょくじゅ》した「世界池田華陽会」の杏《あんず》の木も、年々歳々《ねんねんさいさい》、皆さんとともに天に向かって伸《の》びていく。

さあ、「華陽の誓《ちか》い」を高らかに歌いながら、朗《ほが》らかに賑《にぎ》やかに勝ち進もう！

私も妻《つま》も、皆さんの晴《は》れやかな笑顔《えがお》を、最大の生きがいとして、祈《いの》り見つめている。

結《むす》びに、大東京の女子部に贈った一首《いっしゅ》を、重《かさ》ねて全世界の尊《とうと》き華陽の友に贈りたい。

勇敢《ゆうかん》な
　信心ありせば
　　恐《おそ》れなく
この世《よ》　全《すべ》てが
　　仏土《ぶつど》なるかな

（1）デーヴァ・ソベル著『ガリレオの娘』田中一郎監修、田中勝彦訳、DHC
（2）師岡愛子編著『ルイザ・メイ・オルコット』表現社
（3）『アンの青春』掛川恭子訳、講談社、引用・参照

第三章

メッセージ
巻頭言

世界池田華陽会結成式《かようかいけっせいしき》へのSGI会長夫妻《ふさい》のメッセージ

女子部の前進こそ創価の希望の象徴《しょうちょう》

二〇〇八年九月五日

歴史に輝《かがや》く「世界池田華陽会」の結成式、誠《まこと》に誠におめでとうございます。

「女子《おなご》は門《もん》をひらく《開》」（全一五六六ジペー・新一九〇二ジペー）とは、蓮祖大聖人《れんそだいしょうにん》の明快《めいかい》なる仰《おお》せであります。

今日は、世界五大陸《たいりく》の若き聡明《そうめい》な女性リーダーが一堂《いちどう》に会《かい》して、新《あら》たな一閻浮提《いちえんぶだい》の広宣流布の「希望の門」が、今、無限《むげん》の未来へ開かれました。

大聖人も、はたまた三世十方《さんぜじっぽう》の仏菩薩《ぶつぼさつ》も、さぞかし、「善哉《よきかな》。善哉」と微笑《ほほえ》まれながら、喜《よろこ》び讃《たた》えておられることでありましょう。全世界、いな全宇宙で、最《もっと》も明朗《めいろう》にして、最も誇《ほこ》り高き尊貴《そんき》な華《はな》と光《ひかり》のスクラムが、ここにあります。

日蓮仏法《ぶっぽう》の魂《たましい》は、「進まざるは退転《たいてん》」であります。

「前進」が妙法です。何があろうと「前進」です。

「前進」しか勝てません。「前進」を止《と》めた人生は、もはや後退《こうたい》である。

「前進」する人こそが、仏《ほとけ》の使《つか》いであり、仏の生命なのであります。

戸田先生は、よく語《かた》られました。

「人間革命《かくめい》とは、常《つね》に前進して、幸福な人生を開くということである。自分が幸福になり、人も幸福にしていくことである」と言われたのであります。

皆が幸福になるための仏法である。その幸福とは、見栄《みえ》や外見《がいけん》の中にあるのではない。わが生命の奥《おく》にある尊極《そんごく》の仏界《ぶっかい》の太陽を昇《のぼ》らせ、妙法蓮華の華《はな》を咲《さ》かせ切っていくことが、何ものにも揺《ゆ》るがぬ絶対的《ぜったいてき》幸福の大境涯《だいきょうがい》であります。

これこそが、皆様方が生き生きと発揮《はっき》している「華陽《かよう》」の生命なのであります。

「御義口伝《おんぎくでん》」には〝たとえ一句《いっく》でも妙法に縁《えん》を結《むす》ぶならば、その功徳《くどく》は億劫《おくごう》という長遠《ちょうおん》の間《あいだ》も決《けつ》して失《うしな》われることはない。そして、「無上《むじょう》の宝珠《ほうじゅ》」すなわち仏の生命を磨《みが》き現《あらわ》していくことができる〟（全七九三ページ・新一一〇五ページ、趣意）と仰《おお》せであります。

どうか、この最高無上の「幸福」と「健康」と「勝利」の喜《よろこ》びあふれる世界を、今いる場所から、賢《かしこ》く朗《ほが》らかに、勇敢《ゆうかん》に粘《ねば》り強《づよ》く広げていってください。

御聖訓《ごせいくん》には、釈尊《しゃくそん》の若き女性の弟子《でし》「竜女《りゅうにょ》」一人《ひとり》の成仏《じょうぶつ》は、「挙一例諸《こいちれいしょ》」である。（全二二三㌻・新一〇一㌻、趣意）

すなわち、一人の勝利を例《れい》として、他の多くの人々の希望の象徴《しょうちょう》となることであると明《あ》かされております。

わが創価の女子部の皆様の「一人」の正義と友情《ゆうじょう》の前進こそが、全人類《ぜんじんるい》の平和と繁《はん》栄《えい》の前進に直結《ちょっけつ》しているのであります。

私と妻《つま》は、偉大《いだい》なる使命《しめい》を帯《お》びて、創価女子会館に集《つど》い合《あ》った大切《たいせつ》な大切な皆様方が、一人もれなく健康で無事故《むじこ》で、これ以上ないという所願満足《しょがんまんぞく》の人生を飾《かざ》りゆかれることを、今朝《けさ》の勤行《ごんぎょう》でも真剣《しんけん》に祈《いの》り抜《ぬ》きました。

これからも一生涯《いっしょうがい》、祈りに祈ってまいります。題目を送《おく》り続《つづ》けます。

私の生命の娘《むすめ》であり、永遠《えいえん》に不二《ふに》の後継者《こうけいしゃ》である「世界池田華陽会《かようかい》」の皆様方に、希望あれ！　福智《ふくち》あれ！　諸天《しょてん》の加護《かご》よ、厳然《げんぜん》たれ！　と祈りつつ。

「大白蓮華《だいびゃくれんげ》」巻頭言《かんとうげん》

青春勝利の華陽《かよう》のスクラム

二〇〇九年五月号

乙女《おとめ》らの
　広布のスクラム
　　美《うつく》しく
この世《よ》の舞《まい》か
　　世界の夢かと

「女性は、知能《ちのう》だけでなく、『心の知性《ちせい》』でも優《すぐ》れているのではないでしょうか。二十一世紀に女性が存分《ぞんぶん》に力《ちから》を出せる環境《かんきょう》が整《ととの》えば、より明るい未来が待《ま》っていると確信《かくしん》します」

これは十年前、完成《かんせい》したばかりの創価大学の本部棟《ほんぶとう》で、フィリピンを代表する大教育者アブエバ博士と語《かた》り合《あ》った結論《けつろん》である。時代の趨勢《すうせい》は、ますます深く女性の「心の知性《ちせい》」を求《もと》めている。わが師《し》・戸田城聖《じょうせい》先生も、声を大《だい》にして叫《さけ》ばれていた。

「人類《じんるい》は『女性の幸福』に焦点《しょうてん》を定《さだ》めて、歩《あゆ》みを変えていかねばならない。そのためにも、若き女性が確固《かっこ》たる哲学《てつがく》を持つことだ。いかなる宿命《しゅくめい》にも負《ま》けない、強き生《せい》命力《めいりょく》を持つことだ」

私と妻《つま》にとって何よりも嬉《うれ》しいことは、わが創価の女子部が明るく元気に、「華陽《かよう》」のスクラムを広げてくれていることである。

全世界
幾《いく》百万の
乙女《おとめ》らの
幸《さち》の行進《こうしん》
新世紀《せいき》の夜明《よあ》けか

女子部国際部《こくさいぶ》の優秀《ゆうしゅう》な友が自分たちで翻訳《ほんやく》して届《とど》けてくれた貴重《きちょう》な箴言集《しんげんしゅう》に、中央アジアのカザフ民族《みんぞく》の美《うつく》しい言葉《ことば》があった。

「華《はな》は世界の美《び》。若き乙女《おとめ》は民衆《みんしゅう》の華」(1)

いま世界中で、創価の乙女は朗《ほが》らかに対話《たいわ》の華を咲《さ》かせている。

仏教発祥《ぶつきょうはっしょう》の天地インドでは、この七年間で、女子部が五倍にも拡大《かくだい》を遂《と》げた。南米《なんべい》のアルゼンチンからも「この一年、女子部の座談会《ざだんかい》の参加者が倍増《ばいぞう》しました」と、心はずむ便《たよ》りが寄《よ》せられた。

御聖訓《ごせいくん》には「女人《にょにん》と妙《みょう》と釈尊《しゃくそん》との三全《みつまった》く不同無《ふどうな》きなり」(全八四二ジペー・新一一七三ジペー)と仰《おお》せである。女性の生命は、不可思議《ふかしぎ》なる「妙法」そのものであり、尊極《そんごく》なる「仏《ほとけ》」それ自体《じたい》であるとの大宣言《だいせんげん》であられる。

勇気ある信心の乙女が一人《ひとり》立ち上がれば、そこから希望が生まれ、喜《よろこ》びが生まれる。家庭《かてい》でも、職場《しょくば》でも、地域《ちいき》でも、聡明《そうめい》な福徳《ふくとく》の女性があれば、未来へ確《たし》かな繁栄《はんえい》の陽光《ようこう》が輝《かがや》いていくのだ。

幸福の
人生　築《きず》かむ
そのために
正義の青春《せいしゅん》
心に光《ひか》らせ

青春は、誰人《たれびと》たりとも悩《なや》みや苦労《くろう》との戦いである。いな、悩みのない人生など、あり得《え》ない。悩みがあるからこそ、成長できる。苦労なくして幸福はない。それは土台《どだい》のない飾《かざ》りの幸福である。

日蓮大聖人は、「法華経《ほけきょう》の師子王《ししおう》を持《たも》つ女人《にょにん》は一切《いっさい》の地獄《じごく》・餓鬼《がき》・畜生等《ちくしょうとう》の百獣《ひゃくじゅう》に恐《おそ》るる事《こと》なし」（全一三一六ジ゙ペー・新一七四五ジ゙ペー）と断言《だんげん》なされた。

どんな不幸《ふこう》が襲《おそ》いかかろうと、どんな邪悪《じゃあく》な圧迫《あっぱく》があろうと、女性が強く生《い》き抜《ぬ》き、勝ち抜いていくために、仏法《ぶっぽう》は説《と》かれたのだ。

悲《かな》しい時も、つらい時も、苦《くる》しい時も、「煩悩即菩提《ぼんのうそくぼだい》」そして「変毒為薬《へんどくいやく》」という希望の法理《ほうり》を忘《わす》れてはならない。同志《どうし》と共に、師匠《ししょう》と共に、前へ、前へ、勇気の一歩を踏《ふ》み出《だ》していくことだ。

その人が「使命《しめい》の青春王女《せいしゅんおうじょ》」である。その女性こそが、何があっても負《ま》けずに、どんな人も励《はげ》まし包《つつ》む「微笑《ほほえ》みの幸福博士」と慕《した》われていくのだ。あの尊《とうと》き創価の母たちのように！

昭和五十四年（一九七九年）の五月五日、私は青き海の見える神奈川文化会館で「正義」と揮毫《きごう》した。脇書《わきが》きには「われ一人《ひとり》正義の旗《はた》持つ也《なり》」と。その日、私は、居合《いあ》わせた青年部のリーダーたちに語《かた》った。

「苦難《くなん》の時こそ、私は青年を育《そだ》てます。嵐《あらし》の時代こそ、若き力《ちから》を信《しん》じ抜《ぬ》く以外ないからだ」。深き誓願《せいがん》の光《ひかり》を湛《たた》えていた乙女《おとめ》たちの瞳《ひとみ》は、一生涯《いっしょうがい》、私の胸奥《きょうおう》から離《はな》れることはない。

師弟《してい》の心を合致《がっち》させた女性の正義の祈《いの》りで、学会は一切《いっさい》に勝《か》ってきたのだ。その誓《ちか》いは、今、華陽《かよう》の姉妹《しまい》に受《う》け継《つ》がれている。

ロシアの「法華経研究《ほけきょうけんきゅう》の母」ヴォロビヨヴァ博士は、創価の師弟を賞讃《しょうさん》されつつ、「『仏《ほとけ》の声』とは、仏の教《おし》えを正《ただ》しく受け継ぐ、生きた人間の声に他《ほか》なりません」と語られた。

なかんずく、わが清新《せいしん》なる女子部の声がはつらつと響《ひび》くところ、広宣流布の勝利、勝利の門《もん》は、未来永遠《えいえん》に快活《かいかつ》に開かれゆくのだ。

師弟不二《していふに》
尊《とうと》き貴女《あなた》は
三世《さんぜ》まで
福徳《ふくとく》 積《つ》みゆけ
幸福長者《ちょうじゃ》と

（1）Казахские народные пословицы и поговорки, Сост. В. Б. Захаров, А. Т. Смайлова, Кочевники.

第四章

句・和歌

女子部

幸《しあわ》せのために
創価の
人生を
勇《いさ》み歩《あゆ》めや
今日も明日《あした》も

幸福の
人生　築《きず》かむ
そのために
正義の青春《せいしゅん》
心に光《ひか》らせ

人のため
法のためにと
青春を
飾《かざ》らむ勝利の
貴女《あなた》の生命《いのち》は

美《うつ》しく
健気《けなげ》な乙女《おとめ》の
広布旅《たび》
一人《ひとり》ももれなく
幸福博士に

幸福と
世界の平和に
羽《は》ばたかむ
清《きよ》き生命《いのち》の
至福《しふく》の乙女よ

新世紀
広布の希望に
輝《かがや》ける
女子部がありて
前進 賑《にぎ》やか

大《おお》いなる
希望に生《い》き抜《ぬ》け
一生涯《いっしょうがい》
そこに勝利が
栄光道《どう》が

美《うつく》しき
心と行進《こうしん》
女子部かな
世界一なる
皆様　幸《さち》あれ

晴《は》れ晴《ば》れと
気高《けだか》き法戦《ほうせん》
走《はし》りゆく
道は光《ひか》りぬ
新世紀かな

健気《けなげ》にも
広布に走《はし》る
皆様を
諸天《しょてん》も諸仏《しょぶつ》も
必《かなら》ず護《まも》らむ

恐《おそ》れるな
わが生命は
仏《ほとけ》なり
三世《さんぜ》の仏天《ぶってん》
必ず守護《しゅご》せむ

父母《ちちはは》も
常楽我浄《じょうらくがじょう》に
微笑《ほほえ》みて
娘《あなた》の活躍《かつやく》
いつも讃《たた》えむ

美《うつく》しき
正義の心で
法戦《ほうせん》に
指揮《しき》とる貴女《あなた》は
永遠《とわ》に王女《おうじょ》か

師弟不二《していふに》
尊《とうと》き貴女《きみ》は
三世《さんぜ》まで
福徳《ふくとく》 積《つ》みゆけ
幸福長者《ちょうじゃ》と

正義の姫《ひめ》
心豊《ゆた》かに
美しく
尊く走《はし》りし
仏《ほとけ》の使命《しめい》と

大切な女子部の方々の
幸福と健康を祈りつつ

世界一
平和と文化の
創価かな

学会は
女子部がありて
広布あり

立ち上がれ
正義のために
広布のために
そして
自分自身の幸福のために

勇気を持って生《い》き抜《ぬ》く
これが一番
幸福になりゆく道《みち》

晴《は》ればれと
幸《さち》の道《みち》 行《ゆ》け
広布道《どう》

真剣《しんけん》な
尊《とうと》き女子部に
偉《い》大《だい》なる幸福あれ！

誰人《たれびと》も
見るも見ざるも
我《われ》 咲《さ》かむ

わが人生
三世《さんぜ》永遠《えいえん》
妙法の
当体《とうたい》なりせば
勝利 勝利と

妙法の
蓮華《れんげ》の如《ごと》く
悠然《ゆうぜん》と
貴女《あなた》は広布と
輝《かがや》く姫《ひめ》かな

新世紀
晴《は》れ晴《ば》れ築《きず》かむ
華《か》陽会《ようかい》

師《し》とともに
太陽の心を！
蓮華《れんげ》の生命《いのち》を！
華陽会のスクラムは
世界一の
幸《さち》の花園《はなぞの》なり！

女子学生部

妙法の福智《ふくち》光《ひか》る
社会貢献《こうけん》の賢女《けんじょ》たれ!
師弟《してい》勝利の青春《せいしゅん》を
美《うつく》しく 大空高く
舞《ま》いゆけ!

輝《かがや》く人生は
勝利と幸福の証《あかし》なり!

輝く青春
勝利の青春
幸福の青春
これが佛法《ぶっぽう》だ!
これが信仰《しんこう》だ!

偉大《いだい》なる
広布の大道《だいどう》
美《うつく》しく
戦い舞《ま》いゆく
姫《ひめ》の功徳《くどく》よ

永遠《えいえん》の
都《みやこ》に生きなむ
わが弟子《でし》よ
師弟不二《していふに》なる
喜《よろこ》び光《ひか》りて

広宣《こうせん》の
偉大な使命《しめい》に
走《はし》りゆく
秀才《おとめ》の貴女《きみ》を
諸仏《しょぶつ》よ護《まも》れや

健康・幸福
そして女子学生部の
大発展を祈りつつ

女子学生
ありて
広布は
万々才《ばんばんざい》！

尊《とうと》き
わが女子学生部の方々《かたがた》に
永遠《えいえん》に幸福あれ！

池田華陽会歌

「華《か》陽《よう》の誓《ちか》い」

池田華陽会歌

華陽の誓い

作詞　池田華陽会有志／作曲　深見麻悠子

F　B♭　Gm　C7　F
1.い　ま　し　と　と　も　に　た　い　よ　う　の　ー　こ　こ　ろ　で　き　び
(2.)ま　し　と　と　も　に　は　な　ーの　ー　こ　こ　ろ　で　な　み
(3.)ま　し　と　と　も　に　せ　い　ぎ　の　ー　こ　こ　ろ　で　せ　か
F/A　B♭　Gm7-5　F/C　C7　F
し　き　ー　ふ　ゆ　に　も　は　る　の　ひ　か　り　を　ち
だ　の　ー　と　も　に　も　え　が　お　さ　か　せ　よ　う　は
い　の　ー　と　も　ー　に　へ　い　わ　の　せ　い　き　を　か　よ
C7　F　G7　C7
ち　の　ー　は　げ　ま　し　わ　が　む　ね　ひ　か　ら　せ　こ　う
は　の　ー　ほ　ほ　え　み　わ　が　む　ね　つ　つ　み　て　き　ぼ
う　の　ー　し　ま　い　と　ス　ク　ラ　ム　た　の　し　く　し　め
F　F7　B♭　Bdim　C7　1.2.　F
せん　の　は　な　と　ま　え　い　け　だ　か　よ　う　か　い　2.い
う　の　は　な　と　ま　え　い　け　だ　か　よ　う　か　い　3.い
い　の　は　な　と　ま　え　い　け　だ　か　よ　う　か
3.　F　F7　B♭　Bdim　C7　F
い　ほ　う　おん　の　ー　かよう　の　ち　かい　よ　ろ　こ　び　は　た　さ　む

池田華陽会歌

「華陽《かよう》の誓《ちか》い」

一、今　師《し》とともに　太陽の心で
厳《きび》しき冬にも　春の光彩《ひかり》を
先生《ちち》の励《はげ》まし　わが胸光《むねひか》らせ
「広宣《こうせん》の華《はな》と舞《ま》え！　池田華陽会」

二、今　師《し》とともに　華《はな》の心で
涙《なみだ》の友にも　笑顔《えがお》咲《さ》かせよう
奥様《はは》の微笑《ほほえ》み　わが胸包《むねつつ》みて
「希望の華と舞《ま》え！　池田華陽会」

三、今　師《し》とともに　正義の心で
世界の女性《とも》に　平和の世紀を
華陽の姉妹《しまい》と　スクラム楽《たの》しく
「使命《しめい》の華《はな》と舞《ま》え！　池田華陽会」
報恩《ほうおん》の「華陽の誓い」喜《よろこ》び果《は》たさむ

華陽の誓い
池田大作先生のスピーチ・指針集

発行日　二〇〇九年十一月十二日
第六刷　二〇二二年　三　月三十日
編　者　創価学会女性部
発行者　松　岡　資
発行所　聖　教　新　聞　社
〒一六〇-八〇七〇　東京都新宿区信濃町七
電話〇三-三三五三-六一一一（代表）
印刷・製本　大日本印刷株式会社

＊

定価はカバーに表示してあります
ISBN978-4-412-01427-5